부동산
세금을
절반으로
줄였습니다

보유세, 양도세, 취득세…
꼭 알아야 할 부동산 절세의 기술

부동산 세금을 절반으로 줄였습니다

김종필·홍만영 지음

매일경제신문사

부동산 세금 전문가가 제시하는
합리적인 부동산 절세전략

추천인은 재직 중인 대학의 법무대학원을 진학하면서부터 김종필 세무사랑 인연을 맺게 되었다. 특이하게도 그는 대학원에 진학하자마자 본인이 썼으면 하는 학위논문 주제를 가지고 상의하러 왔는데, '조세특례제한법상 신축주택 취득자에 대한 과세특례'에 관한 것이었다. 주제도 일반적으로 잘 선택하지 않는 조세특례제한법에 관한 것일 뿐 아니라, 생각해오던 주제에 관해 준비한 것을 가져와 추천인더러 읽어보고 의견을 달라는 것이어서 한편으로는 당황스럽기도 했으나, 다른 한편으로는 참 인상 깊었다.

그렇게 그는 법학석사학위를 받은 후 2014년에 박사과정에 진학하게 되었다. 그가 왜 그 문제에 관해 석사학위논문을 쓰려고 했던가는 2014년 '신축주택 양도세 감면'에 관한 대법원의 승소 판결이 선고되어서야 알 수 있었다. 대법원에서 승소 판결을 받기까지 그는 적지 않은 시간을 들여 '조세특례제한법상 신축주택 양도세 감면'에 관해서 다른 세무 전문가들과 함께 납세자들을 위한 논리를 개발했다. 그들과 법무법인광장 손병준 변호사의 노력으로 유사한 사건에서 많은 납세자가 세금환급 받게 되었음은 두말할 필요가 없다.

김종필 세무사가 이번에 《부동산 세금을 절반으로 줄였습니다》를 펴내게 되었다. 최근 부동산 가격 급등으로 이를 해결하느라 정부 여러 부처에서 다양한 대책을 쏟아낸 탓에 세무 전문가들조차 부동산 세금 상담하기 어렵다고 호소한다. 그럼에도 불구하고 이 책은 세무 전문가도 쉽게 이해하기 어려운 부동산 세금 문제를 정면으로 다뤘다. 다양한 상황에 놓인 납세자들이 주택의 보유 및 양도 단계에서 부딪치는 고민들을 어떻게 하면 해결할 수 있을까 하는 관점에서 절세·조세전략들을 제시하고 있다.

추천인은 그동안 사석에서 김종필 세무사를 만날 때마다 납세자들을 위해 조세전략 책을 써보면 어떻겠느냐고 권했다. 그는 2004년부터 2018년까지 단독·공저로 무려 6권의 책을 펴냈는데, 주로 부동산 세금의 절세전략에 관한 것들이다. 이번에 펴내는 책도 추천인의 기대에 어긋나지 않게 주택의 보유와 매매 단계에서의 절세·조세전략에 관한 것이다. 이 같은 조세전략 책 집필은 일견 쉬워 보일지 몰라도 부동산 세금에 관한 세법 규정이 가지는 의미를 곱씹어 자기의 것으로 만들지 않고서는 도저히 불가능한 일이다. '부동산 세금 전문가'라는 단어를 포털 사이트에서 검색하면 연관어로 김종필 세무사가 올라오는 것도 결코 우연한 일이 아니라 그의 지난 20여 년에 걸친 노력의 결과다.

《부동산 세금을 절반으로 줄였습니다》에서 제시하는 절세전략을 통해 독자들이 합리적인 부동산 절세전략을 세울 수 있게 되기를 바란다. 더불어 이 책이 판을 거듭할 수 있도록 저자들에게 계속 관심 갖고 지켜봐 주시길 바란다.

국민대학교 법과대학 교수 안경봉

주택 보유와 매매를 위한 절세에 도움이 되기를

복잡 난해한 미로 같은 세금은 세무 전문가도 두렵다.

저자들은 20년 넘게 세금을 다뤄왔지만 지금처럼 세금이 어렵고 두렵기까지 한 적은 없다. 2017년 8·2 부동산 대책부터 2018년 9·13 부동산 대책까지 정부가 계속해서 내놓은 굵직한 세금 정책들로 인해 주택 관련 세금은 복잡하고 난해한 미로와 같기 때문이다. 고객한 명의 세금 계산과 절세 대책을 마련하는 데 전문가 2명 이상이 2~3일에 걸쳐 다각도로 검토해야 한다. 예전과 달리 주택 보유세나 양도세 상담을 꺼려하는 세무 전문가들도 많이 나타나는 현상은 결코 우연이 아니다. 예전에 비해 훨씬 복잡한 세금으로 인해 현재 주변에는 틀린 세금 정보들이 많이 떠돌아다닌다. 심지어 그 정보들을 바탕으로 보유와 매매를 계획하고 실행에 옮기는 사례들을 자주 접하게 된다. 저자들이 수많은 정밀상담과 분석, 세법 연구를 통해 독자들에게 전하고 싶은 내용은 3가지다.

훌륭한 절세와 의사결정은 세금을 정확하게 아는 것에서 출발한다.

내 주택에 대한 재산세와 종합부동산세 등의 보유세와 양도세를 정확하게 알지 못하면 절세를 찾을 수 없다. 이 책을 통해 저자들이 가장 먼저 말하고 싶은 내용이 바로 '내 소유주택에 대한 정확한 세금 판단'이다. 현행 세법과 바뀔 예정인 세법에 따라 매년 재산세와 종합부동산세 등의 보유세가 얼마나 발생하는지, 임대수입에 대한 소득세는 또 얼마나 내야 하는지, 각 주택들을 매도할 때 양도세는 얼마인지 등을 먼저 정확하게 알아야 그에 대한 절세 대책과 보유와 매매에 대한 의사결정을 할 수 있기 때문이다.

세금계산에 시간을 낭비하기보다 절세와 의사결정 기준에 초점을 둔다.

무엇보다 세법 조문, 세율, 계산방법 등을 기억하거나 실제 세금을 계산하는 데 시간 낭비하지 않았으면 한다. 소득세법 몇 조 몇 항에 어떤 내용이 있고, '양도세가 얼마인지 계산해보았는데' 등을 언급하는 사례들을 흔히 본다. 대부분 한 달 넘도록 인터넷 등을 통해 검색하고 연구한 결과인데 정작 자신의 세금과 관련해 맞지 않는 내용이 많다. 이 책에도 재산세와 종합부동산세, 임대소득세, 양도세 등의 세금계산을 정리해놓았지만 독자들이 세금계산을 실제 해보라는 의미는 아니다. 물론 책의 내용을 그대로 따라 하면 세금계산을 쉽게 할 수 있지만, 그것보다는 각각의 세금에서 알아둬야 하는 핵심 내용과 절세 포인트를 이해하라는 의미로 정리했다. 세금계산은 세무 전문가에게 자문을 구하면 훨씬 정확하고 빠르다.

최종 목표는 주택의 보유·매매에 대한 절세와 최선의 의사결정임을 잊지 말아야 한다. 다양한 절세전략을 세우고 상황에 맞게 수시로 수정해야 한다.

이 책을 읽어도 본인의 상황에 맞는 구체적이고 정확한 절세방법과 탁월한 의사결정 기준을 마련하기가 쉽지 않을 수 있다. 그렇지만 내가 생각해야 할 세금들이 무엇이고 대략적으로 어느 정도로 부담될지, 더 나아가 내가 활용할 수 있는 최소한의 절세방법이 무엇인지 알 수 있을 것이다. 저자들은 그 정도를 기대한다. 이 정도가 얼마나 중요한지 실행해보지 않은 사람은 이해하기 어렵다. 세무 전문가를 통해 자신이 생각한 절세방법이 실행에 문제가 없는지, 또 다른 절세방법이 있는지, 절세효과는 어떻게 되는지 등을 확인하고 상황이 변하면 그에 맞게 수정해야 한다.

위의 방법들을 실행하는 일은 쉽고도 어렵다. 그렇지만 가장 기본적인 세테크 방법이다. 모쪼록 이 책을 읽고 난 후 주택 관련 보유와 매매를 위한 절세 및 의사결정에 도움이 되었으면 한다. 아울러 언제나 가르침을 주시는 국민대학교 안경봉 교수님과 이 책을 출간할 수 있도록 도움을 주신 매경출판 전호림 대표이사님, 권병규 팀장님, 오수영 편집자님께도 감사의 말씀을 드린다.

차례

추천사 부동산 세금 전문가가 제시하는 합리적인 부동산 절세전략   4

머리말 주택 보유와 매매를 위한 절세에 도움이 되기를   7

1부
내 상황에 맞는 세테크 전략 세우기   17

1장 세테크 전략

01 1주택자도 절세전략을 세워야 낭패 안 본다   21

02 2주택자: 세테크 전략에 따라 손에 쥐는 현금이 다르다   25

03 3주택 이상자: 정밀분석 후 최적의 절세 조합을 찾아라   28

2장 세테크 전략 종합 사례

01 1주택자 절세전략 사례   33

02 2주택자 세테크 전략 사례   38

03 3주택 이상자 세테크 전략 사례   42

2부 ─────────────────────────────────

보유세: 재산세·종합부동산세·임대소득세   47

3장 계산구조로 알아보는 절세 포인트

01 재산세는 2018년보다 최대 30%까지 늘어날 수 있다   51

02 배보다 배꼽이 더 크다! 재산세에 부가되는 세금들   54

03 어려운 종합부동산세 계산은 못해도 절세 변수는 알아두자   56

04 공시가격이 오르지 않아도 종합부동산세는 매년 늘어날 수 있다   60

05 3주택 이상자와 조정대상지역 내 2주택자: 종합부동산세 세율이 가장 높다   62

06 종합부동산세 세부담상한이 있다고 안심하지 말라   65

07 1주택자 종합부동산세: 세액감면이 없다면 공동명의가 적다   68

08 조정대상지역 내 2주택자: 종합부동산세 3배 이상 급증할 수 있다   71

09 3주택 이상자: 공시가격 상승하면 종합부동산세 부담될 수 있다   73

10 주택 수와 전월세 수입에 따라 임대소득세가 다르다   76

11 3주택 이상이라도 임대보증금에 대해 소득세를 내지 않는 주택이 있다   79

12 연 임대수입 2,000만 원 이하: 임대등록과 타 소득에 따라 소득세가 다르다   82

13 연 임대수입 2,000만 원 초과: 타 소득과 합산해 소득세가 증가할 수 있다   85

4장 보유세 부담을 견디기 위한 고도의 절세전략

01 2주택 이상자: 절세책 마련하지 않으면 보유세 폭탄 맞는다   91

02 1주택 단독명의자: 종합부동산세 절세를 위해 증여하면 손해다   93

03 2주택 이상: 배우자 증여로 종합부동산세·양도세·상속세·임대소득세 절세하라   96

04 자녀 증여로 종합부동산세·양도세·상속세 절세하라   98

05 임대등록, 재산세와 종합부동산세 절세가 크다   101

06 임대소득세 절세하려면 상황에 맞게 증여 또는 임대등록하라   105

3부 ─────────────────────────────

주택 양도세   109

5장 주택 양도세 계산하기

01 양도세 계산은 절세 변수 조절이 관건이다   113

02 장기보유특별공제율은 주택마다 다르다   118

03 세율도 주택마다 다르다   121

04 매도가격 9억 원 초과, 1주택자 양도세: 계산 시 꼭 알아야 할 2가지   125

05 2주택자 양도세 중과세 ① 판단을 잘 하라   128

06 2주택자 양도세 중과세 ② 중과세 제외 주택을 찾아라   131

07 3주택 이상자 양도세 중과세 ① 판단을 먼저 한 후 매도순서를 잡아라   134

08 3주택 이상자 양도세 중과세 ② 중과세 제외 주택을 찾아라   137

    TIP 감면 대상 장기임대주택과 감면 대상 신축주택   140

6장 주택 양도세 절세전략

01 1주택자 ① 취득 시기와 조정대상지역 여부에 따라 다른 양도세 비과세   145

02 1주택자 ② 2년 거주 또는 2년 보유를 할 수 없을 때 양도세 비과세 혜택 체크   148

    TIP 1주택자 양도세 비과세 사유   151

03 1주택자 ③ 2020년 이후 매도 시 2년 거주 여부에 따라 다른 장기보유특별공제율   154

04 1주택자 ④ 2021년 이후 매도 시 보유기간 체크   157

    TIP 매도 전 체크 포인트   160

05 2·3주택 이상자: 절세 판단 기준은?   163

06 2주택자 ① 일시적 2주택 양도세 비과세 달라지는 점   166

07 2주택자 ② 수도권 1채 보유+취학·질병·근무상 형편 등으로 비수도권 1채 취득한 경우   169

08 2주택자 ③ 결혼 또는 부모합가로 2주택 비과세를 활용하라　　171

09 2주택자 ④ 상속주택이 있을 때 2주택 양도세 비과세　　174

　　TIP 농어촌주택 또는 고향주택을 취득해 2주택일 때 비과세　　177

　　TIP 귀농주택 또는 이농주택이 있을 때 2주택 비과세　　179

10 2·3주택 이상자 ① 감면주택이 있다면 매도순서를 조절하라　　180

11 2·3주택 이상자 ② 임대등록의 양도세 절세효과는 하나가 아니다　　182

12 2·3주택 이상자 ③ 자녀 또는 배우자 증여로 양도세 절세하라　　184

4부
분양권과 재개발·재건축 조합원입주권 양도세 187

7장 분양권과 조합원입주권 양도세 계산하기

01 분양권 양도세 ① 조정대상지역 여부에 따라 다르다　　191

02 분양권 양도세 ② 조정대상지역인데 일반세율 적용하는 경우　　195

03 재개발·재건축 조합원입주권의 양도세 계산　　198

04 재개발·재건축 조합원입주권과 일반주택의 매도순서에 따른 양도세　　202

05 재개발·재건축 완성 후 양도세 계산은 복잡하다　　204

8장 조합원입주권 양도세 절세전략

01 1주택 소유자 ① 재개발·재건축이 진행될 경우　　211

02 1조합원입주권자가 1주택을 취득한 경우　　214

03 1주택 소유자 ② 재개발·재건축 조합원입주권 매입할 경우　　216

04 1주택 소유자 ③ 재개발·재건축 사업시행기간 중 대체주택 취득해 매도할 경우　　219

　　TIP 상속·결혼·부모봉양과 조합원입주권 비과세　　221

5부 ─────────────────────────────

임대등록에 숨어 있는 절세 포인트   225

─────────────────────────────

9장 취득세·보유세·임대소득세 절세

01 전용면적 60㎡ 이하: 임대등록 시 취득세 감면   229

02 전용면적 60㎡ 초과 85㎡ 이하: 취득세 감면받기 힘든 이유   233

    TIP 임대주택 취득세 감면 포인트   236

03 전용면적 85㎡ 이하: 단기민간임대등록 시 재산세 감면   238

04 전용면적 85㎡ 이하: 장기일반민간임대등록 시 재산세 감면   241

05 다가구주택: 까다로운 재산세 감면   244

06 지금 단기민간임대주택 등록 시 종합부동산세 절세혜택   246

07 지금 임대등록해 종합부동산세 합산배제 받을 수 있는 주택   249

08 매입임대주택보다 건설임대주택이 종합부동산세 합산배제하기 쉽다   252

09 임대수입 2,000만 원 이하: 임대등록으로 소득세와 건강보험료 혜택   255

10 임대수입 2,000만 원 초과: 임대등록으로 소득세만 감면   259

10장 임대주택 등록 시 양도세 절세효과

01 전용면적 85㎡ 이하, 공시가격 6억 원(수도권 외 지역 3억 원) 이하 주택:

    2018년 9월 13일 이전 취득한 경우   265

02 전용면적 85㎡ 이하, 공시가격 6억 원(수도권 외 지역 3억 원) 이하 주택:

    2018년 9월 14일 이후 취득한 경우   268

03 전용면적 85㎡ 이하, 공시가격 6억 원(수도권 외 지역 3억 원) 초과 주택:

    2018년 9월 13일 이전 취득한 경우   271

04 전용면적 85㎡ 이하, 공시가격 6억 원(수도권 외 지역 3억 원) 초과 주택:

    2018년 9월 14일 이후 취득한 경우   274

05 전용면적 85㎡ 초과, 공시가격 6억 원(수도권 외 지역 3억 원) 이하 주택:

2018년 9월 13일 이전 취득한 경우   276

06 전용면적 85㎡ 초과, 공시가격 6억 원(수도권 외 지역 3억 원) 이하 주택:

2018년 9월 14일 이후 취득한 경우   279

07 2018년 3월 31일 이전: 단기임대등록 주택의 양도세   281

08 2018년 4월 1일 이후: 단기임대등록 주택의 양도세   284

09 건설임대주택의 양도세 중과세 배제 기준은 다르다   286

10 공시가격 6억 원(수도권 외 지역 3억 원) 이하 주택:

임대등록하면 거주주택 매도 시 양도세   289

   TIP 임대주택과 거주주택의 양도세 비과세 개정 내용   291

11장 임대주택 Q&A

01 임대사업자등록 FAQ   295

02 임대료 상한 5% 룰   300

03 현행 과태료와 개정 추진 중인 과태료   305

04 임대등록 후 각종 신고절차   308

05 궁금한 임대의무기간   311

6부

알고 활용하면 추징당하지 않는 국세청 해석   315

기억해야 할 국세청 해석 54가지   317

1부

—

내 상황에 맞는
세테크 전략 세우기

1장

세테크
전략

01

1주택자도 절세전략을 세워야
낭패 안 본다

1주택을 소유한 사람도 2019년부터는 매년 내야 하는 보유세와 주
택을 매도할 때 내야 하는 양도세(지방소득세 포함)를 미리 계산해
보고 절세전략을 세워둬야 한다. 1주택자의 보유세(특히 종합부동산
세)와 양도세가 변경돼 종전과 같은 방식으로 접근하면 큰 세금 변
화를 감당하지 못하는 상황이 발생하기 때문이다.

**보유기간 동안 매년 내야 하는 재산세, 종합부동산세 등이 감당 가능한지
분석하라.**

1주택자 단독 소유자는 보유세가 많지 않다고 오인하는 사례들이
많다. 물론 공시가격 9억 원 이하인 주택을 단독 소유하고 있다면
보유세 상승은 적을 수 있다. 그러나 공시가격이 9억 원을 넘는다면

보유세가 얼마인지 반드시 확인해야 한다. 2018년도와 동일한 공시가격이라 할지라도 2019~2022년까지 종합부동산세(농어촌특별세 포함)는 매년 증가한다. 만약 공시가격이 2018년 대비 크게 상승하면 2022년까지 재산세 등과 더불어 종합부동산세도 크게 증가한다. 상황에 따라 보유세를 감당하기 버거울 수도 있으므로 미리미리 계산해봐야 한다.

[표 1-1] 2018년 대비 공시가격 상승에 따른 보유세 변화(만 59세 미만 가정)

공시가격		보유세(재산세/종합부동산세 등 합계)					
2018년	2019년 상승률	2018년	2019년	2020년	2021년	2022년	…
9억 원	10%	259만 2,000원	316만 5,480원	315만 4,240원	316만 6,880원	317만 9,520원	…
	20%		366만 1,200원	371만 6,490원	374만 1,760원	376만 7,040원	…
	30%		373만 6,800원	427만 8,740원	431만 6,650원	435만 4,560원	…
	50%		373만 6,800원	526만 5,000원	574만 1,820원	585만 3,600원	…
15억 원	10%	632만 1,600원	831만 6,000원	833만 400원	863만 8,200원	894만 6,000원	…
	20%		910만 4,400원	999만 6,480원	1,036만 5,840원	1,073만 5,200원	…
	30%		923만 400원	1,166만 2,560원	1,209만 3,480원	1,252만 4,400원	…
	50%		923만 400원	1,327만 8,600원	1,590만 5,160원	1,675만 800원	…
20억 원	10%	1,026만 9,600원	1,462만 5,600원	1,443만 9,360원	1,512만 4,080원	1,593만 8,400원	…
	20%		1,490만 400원	1,730만 8,800원	1,824만 8,400원	1,918만 8,000원	…
	30%		1,506만 8,400원	2,030만 7,840원	2,137만 2,720원	2,243만 7,600원	…
	50%		1,506만 8,400원	2,184만 6,600원	2,762만 1,360원	2,893만 6,800원	…
30억 원	10%	2,032만 5,600원	2,948만 400원	3,080만 4,480원	3,230만 7,840원	3,381만 1,200원	…
	20%		2,973만 2,400원	3,530만 3,040원	3,699만 4,320원	3,868만 5,600원	…
	30%		2,998만 4,400원	3,980만 1,600원	4,168만 800원	4,356만 원	…
	50%		2,998만 4,400원	4,384만 2,600원	5,105만 3,760원	5,330만 8,800원	…

▶ 위 세금은 2018년도 보유세가 세부담상한 내이고 세액감면이 없다는 가정 아래 산출한 금액이다.

[표 1-1]에서 알 수 있듯이 1세대 1주택 단독명의자의 보유세는 공시가격이 클수록 2018년 대비 2019년 공시가격의 상승률이 클수록 상승 폭이 크다.

매도 시기와 매도가격, 취득 시기별 비과세 요건과 양도세를 미리 계산하라.
시세가 9억 원 이하이면 양도세 걱정을 크게 하지 않아도 된다. 2017년 8월 3일 이후 조정대상지역에 소재하는 주택을 취득했다면 2년 이상 보유와 2년 이상 거주를 채운 후 매도하면 양도세를 전액 비과세 받을 수 있고, 2017년 8월 2일 이전 취득한 주택이라면 2년 이상 보유 후 매도하면 양도세는 0원이기 때문이다. 그러나 매매시세가 9억 원을 넘는 주택은 2017년 8월 2일 이전에 취득했더라도 2020년 이후부터는 2년 이상 거주 여부와 매도 시기에 따라 양도세 차이가 크므로 주의한다. [사례 1-1]을 보면 보유기간과 2년 이상 거주 여부 및 매도가격과 취득가격에 따라 양도세 차이가 크다는 것을 알 수 있다. 따라서 장기간 보유할 계획이라도 매매시세와 2년 이상 거주 여부 등에 따른 양도세를 미리 계산해보고 절세전략을 세운다.

[사례 1-1] 2017년 8월 2일 이전 9억 원에 취득해 2020년 이후 매도 시 양도세

매도가격	보유기간 5년		보유기간 10년	
	2년 미만 거주	2년 이상 거주	2년 미만 거주	2년 이상 거주
12억 원	1,141만 8,000원	582만 4,500원	943만 8,000원	87만 4,500원
18억 원	1억 4,916만 원	9,047만 5,000원	1억 2,936만 원	1,735만 8,000원
24억 원	3억 4,971만 7,500원	2억 1,978만 원	3억 640만 5,000원	5,599만 원

증여나 매도 시기 조절 또는 2년 이상 거주 등의 절세방법을 활용하라.

매년 내야 하는 보유세 증가가 부담이 되거나 처분 시 양도세가 부담이 되는 상황이라면 배우자에게 증여하거나 매도 시기를 조절해 2019년도에 매도하거나 2년 이상 거주를 채운 후 매도하는 방법 등을 활용해야 하는지 분석한다.

절세방법 활용할 필요 없는데 증여 등을 해서 불필요한 손실을 초래 마라.

1주택자의 경우 실제 보유세와 양도세 증가가 미미한데도 불구하고 무작정 절세방법을 활용하는 사례들이 종종 있다. 자신의 상황에 관한 정확한 분석을 하지 않은 상태에서 남들이 하는 절세방법을 활용하면 오히려 손해만 클 수 있다.

02

2주택자:
세테크 전략에 따라 손에 쥐는 현금이 다르다

2주택자는 소유주택들의 특성에 따라 보유세 증가와 양도세 변화가 크다. 이것은 소유주택들의 특성을 잘 활용해 세테크 전략을 세우면 절세 폭이 크다는 의미다.

현 상황에서 매년 내야 하는 보유세와 처분 시 양도세를 계산하라.

현 상태에서 보유세가 매년 얼마나 증가하고 부담해야 하는지와 매도 시 양도세를 얼마나 내야 하는지 파악하는 것은 가장 기본이다. [사례 1-2]에서 보듯이 2주택자의 경우, 공시가격의 상승과 공시가격 적용비율의 상승 및 조정대상지역 내 2주택 여부 등에 따라 보유세의 편차가 크다. 특히 급증하는 보유세를 소득으로 감당하기 힘든 상황이 발생할 수도 있다.

[사례 1-2] 조정대상지역 2주택자의 공시가격과 공시가격 상승률에 따른 보유세 변화

공시가격		보유세(재산세/종합부동산세 등 합계)				
2018년	2019년 상승률	2018년	2019년	2020년	2021년	2022년
5억 원 2채	10%	353만 원	517만 원	547만 원	569만 원	591만 원
	20%		603만 원	647만 원	684만 원	710만 원
	50%		648만 원	1,089만 원	1,150만 원	1,210만 원
8억 원 2채	10%	798만 원	1,411만 원	1,488만 원	1,564만 원	1,641만 원
	20%		1,490만 원	1,732만 원	1,851만 원	1,978만 원
	50%		1,503만 원	2,715만 원	2,887만 원	3,058만 원
10억 원 2채	10%	1,146만 원	2,142만 원	2,303만 원	2,455만 원	2,608만 원
	20%		2,159만 원	2,715만 원	2,887만 원	3,058만 원
	50%		2,716만 원	3,951만 원	4,179만 원	4,407만 원
15억 원 2채	10%	2,228만 원	4,230만 원	4,569만 원	4,825만 원	5,082만 원
	20%		4,256만 원	5,187만 원	5,471만 원	5,755만 원
	50%		4,281만 원	7,040만 원	7,408만 원	7,777만 원

▶ 위 세금은 2018년도 보유세가 세부담상한 내이고 2채 모두 종합부동산세 과세 대상이라는 가정 아래 산출한 금액이다.

소유주택 중 당초 계획대로 매도할 때 내야 하는 양도세도 계산해봐야 한다. 2주택자의 경우, [표 1-2]처럼 조정대상지역 여부와 취득 시기 등에 따라 양도세 세율과 장기보유특별공제율 적용 및 2주택자 절세 등에서 차이가 있어 양도세 부담이 급증할 수 있다.

소유주택과 자신의 상황에 맞는 보유세와 양도세 절세방법을 찾아라.

임대등록이나 증여 등의 절세방법을 활용할 때 보유세가 매년 얼마나 절세되는지와 매도 시 양도세는 얼마나 절세될지 분석해봐야 한다. 매도 시 양도세에서 2주택자만의 절세방법(일시적 2주택, 상속주

[표 1-2] 2주택자의 먼저 매도하는 주택의 중과세 여부에 따른 양도세 비교

양도차익	양도세(지방소득세 포함)		
	중과세 대상 아닌 경우 (10년 보유 가정)	중과세 대상인 경우 (10년 보유 가정)	차이
1억 원	1,471만 8,000원	3,187만 2,500원	1,715만 4,000원
5억 원	1억 4,696만 원	2억 4,568만 5,000원	9,872만 5,000원
10억 원	3억 2,950만 5,000원	5억 3,163만 원	2억 212만 5,000원

택 등)이 활용 가능한지도 확인한다.

임대등록의 유형, 증여방법과 증여대상 및 2주택 절세방법 중 최선과 차선의 전략을 강구하라.

단기간에 매도할 주택을 장기일반민간임대주택으로 등록해 장기간 매각하지 못하거나 증여로 인한 비용이 단순 매도보다 세금 등의 비용이 더 많은 결과를 초래한다면 오히려 손해가 될 수 있다. 절세가 되더라도 최선의 방법인지 살펴봐야 하고 당초 목적에 부합하는 차선책은 무엇인지와 최선책과의 차이가 얼마인지 종합적으로 검토할 필요가 있다.

03

3주택 이상자:
정밀분석 후 최적의 절세 조합을 찾아라

3주택 이상자는 보유세와 양도세가 복잡하다. 특히 각 주택별 목적을 명확하게 하고 현 상황에서 세금에 대한 정밀분석이 선행돼야 한다.

보유세와 처분 시 양도세의 정밀분석은 필수다.

2주택자와 마찬가지로 현 상태에서 보유세가 매년 얼마나 증가하고 부담해야 하는지와 매각 시 양도세를 얼마나 내야 하는지 파악하는 것은 가장 기본이다. 공시가격의 상승과 공시가격 적용비율의 상승 등에 따라 보유세, 특히 종합부동산세의 변동 폭은 소득으로 감당하기 힘든 상황이 발생할 수도 있다. 3주택 이상자의 경우, 소유주택 중 매도순서에 따른 양도세도 계산해봐야 한다. 매도순서에

[사례 1-3] 3주택자의 공시가격과 공시가격 상승률에 따른 보유세 변화

공시가격		보유세(재산세/종합부동산세 등 합계)				
2018년	2019년 상승률	2018년	2019년	2020년	2021년	2022년
3억 원 3채	10%	280만 원	391만 원	412만 원	430만 원	448만 원
	20%		469만 원	505만 원	532만 원	554만 원
	50%		696만 원	793만 원	860만 원	928만 원
5억 원 3채	10%	679만 원	1,215만 원	1,296만 원	1,368만 원	1,441만 원
	20%		1,409만 원	1,515만 원	1,608만 원	1,691만 원
	50%		1,825만 원	2,392만 원	2,547만 원	2,708만 원
7억 원 3채	10%	1,207만 원	2,344만 원	2,511만 원	2,677만 원	2,843만 원
	20%		2,759만 원	2,945만 원	3,131만 원	3,317만 원
	50%		3,322만 원	4,270만 원	4,490만 원	4,736만 원
10억 원 3채	10%	2,206만 원	4,295만 원	4,554만 원	4,814만 원	5,073만 원
	20%		4,885만 원	5,173만 원	5,460만 원	5,748만 원
	50%		6,190만 원	7,027만 원	7,399만 원	7,771만 원

▶ 위 세금은 2018년도 보유세가 세부담상한 내이고 3채 모두 종합부동산세 과세 대상이라는 가정 아래 산출한 금액이다.

[표 1-3] 3주택자의 먼저 매도하는 주택의 중과세 여부에 따른 양도세 비교

양도차익	양도세(지방소득세 포함)		
	중과세 대상 아닌 경우 (10년 보유 가정)	중과세 대상인 경우 (10년 보유 가정)	차이
1억 원	1,471만 8,000원	4,259만 7,500원	2,787만 9,500원
5억 원	1억 4,696만 원	3억 441만 원	1억 5,745만 원
10억 원	3억 2,950만 5,000원	6억 4,135만 5,000원	3억 1,185만 원

따라 조정대상지역 여부와 취득 시기 등에 따라 양도세 세율 20% 추가 과세 여부와 장기보유특별공제율 적용에 차이가 있어 양도세 부담이 급증할 수 있기 때문이다.

소유주택과 자신의 상황에 맞는 절세방법을 찾아라.

임대등록이나 증여 등의 절세방법을 활용할 때 보유세가 매년 얼마나 절세되는지와 매도 시 양도세는 얼마나 절세될지 분석해봐야 한다. 감면주택의 소유 여부와 중과세 제외 주택의 소유 여부를 확인하고 매도순서를 조절하는 것으로 절세가 가능한지도 분석한다.

각 주택별 장기와 단기 보유 여부를 확정하고 최적의 절세 조합을 찾아라.

3주택 이상자의 경우, 당초 계획대로 할 때 보유세와 양도세 부담이 크다면 계획을 수정할 필요가 있다. 우선 소유주택별로 절세방법을 찾은 후 각 주택별 보유를 어떻게 할 것인지 정한다. 장기간 보유할지 아니면 단기간 보유할지 정하고, 장기보유에서 단기보유로 변경할 필요가 있다. 각 주택별 장단기 보유 여부를 확정한 후에는 증여나 임대등록 또는 매도순서 등 절세방법의 조합을 찾는다.

2장

세테크 전략
종합 사례

01
1주택자
절세전략 사례

김막둥 씨는 서울특별시 강남구에 소재하는 Ⓐ주택을 2010년 12억 원(취득세 등 비용 포함)에 취득해 소유하고 있는 1세대 1주택자다. 2018년 기준시가 14억 원이고 2019년 4월 현재 시세는 30억 원이다. 지금까지 Ⓐ주택에 거주하지 않고 전세로 임대했다. 김막둥 씨는 1주택자도 보유세와 양도세가 크게 늘어날 수 있다는 뉴스를 접하고 불안해졌다. 종종 세금 자문을 받는 세무사에게 다음의 5가지 질문을 하면서 해당 세금과 그에 따른 절세전략에 관해 조언을 구했다.

Q 2019년 4월 현재 시세의 70%로 2019년 기준시가가 고시된다고 할 때, 매년 내야 하는 보유세는 얼마인가?

A 보유세는 2배 이상 증가해 2022년 이후 매년 약 1,200만 원 정도 부담해야 한다.

2019년 기준시가(공시가격)가 시세의 70%로 고시되면 기준시가는 21억 원으로 2018년도에 비해 재산세와 종합부동산세가 모두 상승한다. [표 2-1]에서 알 수 있듯이 종합부동산세는 세율과 공시가격 적용비율의 혼합 효과와 더불어 더 큰 상승을 하게 된다. 다만, Ⓐ 주택의 장기보유 효과로 인한 종합부동산세 감면(5년 이상 10년 미만: 20%, 10년 이상 15년 미만: 40%)이 적용돼 감세되는 효과가 있다.

[표 2-1] Ⓐ주택의 보유세 변화

구분	2018년	2019년	2020년	2021년	2022년
재산세 등	445만 2,000원	578만 7,600원	705만 6,000원	705만 6,000원	705만 6,000원
종합부동산세 등	99만 8,400원	215만 2,800원	376만 3,800원	451만 원	483만 8,400원
총 세금	545만 400원	794만 400원	1,081만 9,800원	1,156만 6,080원	1,189만 4,400원
2018년 대비 증가	—	249만 원	536만 9,400원	611만 5,680원	644만 4,000원

▶ '재산세 등'은 재산세와 도시지역분재산세 및 지방교육세, '종합부동산세 등'은 종합부동산세와 농어촌특별세를 포함한 금액이다.

Q 2019년 4월 현재 시세 30억 원에 매도하면 양도세는 얼마인가?

A 양도세는 2019년 매도와 2020년 이후 매도에 따라 차이가 크다. 2019년 30억 원에 매도하면 장기보유특별공제 72%가 적용돼 양도세(지방소득세 포함)는 1억 2,619만 2,000원이지만 2020년 이후에 매

도하면 2년 미만 거주했기 때문에 장기보유특별공제율은 연 2%로 10년 보유 시 20%의 장기보유특별공제율이 적용되며, 양도세는 4억 2,560만 1,000원으로 증가한다.

Q 아내에게 6억 원 이내에서 2019년 기준시가 고시 전에 증여를 하면 절세효과는 얼마이고 문제점은 무엇인가?

A 아내에게 6억 원만큼 증여하면 보유세와 취득세 등으로 약 2,000만 원 손해이고 양도세는 9,313만 9,200원 절세가 된다. 단, 5년 후에 매도해야 한다.

① 보유세는 증여로 인해 증가하며 취득세 등의 비용으로 1,120만 원을 추가로 내야 한다. 배우자인 아내에게 지분 20%(시세 30억 원의 20%인 6억 원)를 증여하면 [표 2-2]에서 보듯이 단독명의에 비해 보유세 총액(재산세 등과 종합부동산세 등의 합계액)은 증여를 하지 않았을 때보다 오히려 증가한다. 이것은 증여로 인한 절세효과가 있지만 단독명의 상태에서 받는 종합부동산세 감면(보유기간에 따른 종합부동산세 감면)효과보다는 적기 때문이다. 증여 후 2024년까지 보유세는 단독명의에 비해 880만 원 정도 더 발생한다. 증여로 인해 추가로

[표 2-2] ⓐ주택의 보유세 변화

구분	2019년	2020년	2021년	2022년
단독명의	794만 400원	1,081만 9,800원	1,156만 6,080원	1,189만 4,400원
증여 후	814만 8,610원	1,147만 4,470원	1,342만 3,680원	1,391만 400원
단독명의 대비 증가액	20만 8,210원	65만 4,670원	185만 7,600원	201만 6,000원

드는 취득세 등도 고려해야 하는데 1,120만 원을 내야 한다.

② 양도세는 증여 후 5년이 지나 매도해야 하며 9,313만 9,200원 절세된다. 30억 원의 20%인 6억 원을 아내에게 증여한 후 5년이 지나 매도하면 양도세(지방소득세 포함)는 3억 3,246만 1,800원이다. 따라서 4억 2,560만 1,000원에 비해 9,313만 9,200원이 절세된다. 다만, 증여일로부터 5년 이내에 매도하면 절세효과는 없다.

Q 적어도 3년 이후에 매도한다고 할 때, 증여 외 다른 절세방법은 무엇인가?

A 단독명의인 상태에서 2년 거주를 채운 후 매도하면 양도세 절세효과가 3억 4,165만 원이다.

단독명의인 상태에서 2년 거주를 채우면 2020년 이후 매도하더라도 장기보유특별공제율은 80%가 적용돼 양도세(지방소득세 포함)는 8,295만 1,000원으로 2년 거주를 하지 않고 매도했을 경우의 4억 2,560만 1,000원에 비해 3억 4,165만 원이 감소한다. 아울러 증여로 인한 보유세 증가와 취득세 등의 비용 발생도 없다.

Q 앞의 경우 증여는 소용이 없는가?

A 배우자에게 증여하는 방법도 고려할 필요가 있다.

배우자에게 증여하고 2년 거주를 채운 다음 증여일로부터 5년 후 매도하면 단독명의인 상태에서 2년 거주를 한 절세효과와 거의 동일한 효과를 얻을 수 있다. 양도세(지방소득세 포함) 6,288만 3,800원으로 단독명의인 상태에서 2년 거주를 채운 후 매도할 때의 양도세 8,295만 1,000원보다 2,006만 7,200원이 더 절세된다. 취득세 등과 보유세 증가금액 약 2,000만 원을 상쇄하는 효과가 나타나는 것이다. 여기에 또 하나의 절세효과를 기대할 수 있다. 바로 상속세 절세효과다. 남편 단독명의일 때 상속세를 내야 하는데, 사전에 배우자에게 증여하고 10년이 지나면 상속재산에서 제외되므로 상속세를 절세할 수 있다.

02
2주택자
세테크 전략 사례

김막둥 씨는 Ⓐ와 Ⓑ주택을 소유하고 있는 1세대 2주택자로 Ⓐ를 2019년 4월 현재 시세로 3년 후에 먼저 매도하고 싶은데 양도세가 많이 나올 것 같아 걱정이다. 또한 매도하기 전까지 보유세도 급증할 것 같아 불안하다. 김막둥 씨는 세무사에게 다음의 3가지 질문을 하면서 해당 세금과 그에 따른 절세전략에 관해 조언을 구했다.

주택	소재지	취득연도	취득가	시세	공시가격 (2018년)	전용면적	비고
Ⓐ	강남구	2011년	6억 원	12억 원	7억 원	84㎡	계속 거주
Ⓑ	송파구	2012년	5억 원	9억 원	5억 원	84㎡	계속 전세 임대

Q 2019년 4월 현재 시세의 70%로 2019년 기준시가가 고시된다고 할 때, 매년 내야 하는 보유세는 얼마인가?

A 보유세는 2배 이상 증가해 2022년 이후 매년 약 1,161만 원을 부담해야 한다.

2019년 기준시가(공시가격)가 시세의 70%로 고시되면 2018년 재산세와 종합부동산세 등의 총 세금 483만 6,670원에서 2019년에는 890만 8,940원으로 407만 2,270원 증가한다. 2022년에는 [표 2-3]에서 보듯이 총 세금이 1,160만 7,490원으로 2018년 대비 677만 820원 증가한다.

[표 2-3] 현 상태에서의 보유세 변화

구분	2018년	2019년	2020년	2021년	2022년
재산세 등	295만 2,000원	380만 4,000원	395만 6,400원	395만 6,400원	395만 6,400원
종합부동산세 등	188만 4,670원	510만 4,940원	648만 9,980원	707만 530원	765만 1,090원
총 세금	483만 6,670원	890만 8,940원	1,044만 6,380원	1,102만 6,930원	1,160만 7,490원
2018년 대비 증가	—	407만 2,270원	560만 9,710원	619만 260원	677만 820원

▶ '재산세 등'은 재산세와 도시지역분 재산세 및 지방교육세, '종합부동산세 등'은 종합부동산세와 농어촌특별세를 포함한 금액이다.

Q Ⓑ→Ⓐ 순으로 매도하면 양도세는 얼마인가? Ⓑ는 8년 보유, Ⓐ는 10년 보유로 가정한다.

A 현 상태에서 Ⓑ→Ⓐ 순으로 매도하면 양도세는 총 1억 9,403만 4,500원이다.

Ⓐ와 Ⓑ 모두 조정대상지역에서 먼저 매도하는 주택은 2주택 중과

세(10% 추가 세율 적용)와 함께 장기보유특별공제도 적용받지 못한다. 차익이 적은 Ⓑ를 먼저 매도한 후 Ⓐ를 10년 보유기간을 채워 비과세로 매도하면 Ⓑ는 1억 9,068만 5,000원의 양도세(지방소득세 포함), Ⓐ는 334만 9,500원의 양도세(지방소득세 포함)를 내야 한다.

Q Ⓐ를 3년 후에 먼저 매도하고 싶을 때 세금을 최소화할 수 있는 방법은?

A Ⓑ를 2019년 기준시가 고시 전에 장기일반민간임대주택으로 등록한 후 Ⓐ를 비과세 매도하라.

Ⓑ는 전용면적 $85m^2$ 이하이고 2019년 4월 현재 기준시가 6억 원 이하이므로 2019년 기준시가가 고시되기 전에 임대등록을 하면 보유세와 양도세 절세효과가 있다.

① 임대등록으로 보유세는 2022년까지 2,354만 5,980원을 절세할 수 있다. Ⓑ를 2019년 기준시가가 고시되기 전에 장기일반민간임대주택으로 등록하면 종합부동산세 합산배제를 받을 수 있어 종합부동산세와 농어촌특별세가 절세가 된다. 그로 인해 [표 2-4]와 같은 절세액이 발생한다.

[표 2-4] 임대등록 전후 보유세 변화

구분	2019년	2020년	2021년	2022년
현 상태	890만 8,940원	1,044만 6,380원	1,102만 6,930원	1,160만 7,490원
Ⓑ 임대등록 후	444만 480원	463만 320원	466만 7,760원	470만 5,200원
임대등록 절세액	446만 8,460원	581만 6,060원	635만 9,170원	690만 2,290원

② 10년 임대 후 매도 시 양도세 절세액은 총 1억 6,183만 7,500원이다. ⒝를 2019년 기준시가가 고시되기 전에 장기일반민간임대주택으로 등록한 후 ⒜를 처분하면 ⒜는 양도세 비과세를 받을 수 있다. ⒜의 양도세(지방소득세 포함)는 334만 9,500원이다. ⒝의 경우 8년 임대 후 매도 시 양도세(지방소득세 포함)는 최대 6,121만 5,000원, 10년 임대 후 매도 시 양도세는 최대 2,884만 7,500원이다.

3주택 이상자
세테크 전략 사례

김막둥 씨는 Ⓐ, Ⓑ, Ⓒ, Ⓓ 4채를 소유하고 있는 1세대 4주택자로 2019년 4월 현재는 정년퇴직해 임대소득과 연금소득 외 다른 소득이 없어서 Ⓐ, Ⓑ, Ⓒ 3채를 5년 후 처분해 현금화할 계획이다. Ⓐ, Ⓑ, Ⓒ는 아파트이고 Ⓓ는 단독주택이다. 자녀는 결혼한 장남과 미혼 직장인 차남(31세)이 있으며, 각 별도세대로 김막둥 씨 내외와

주택	소재지	취득연도	취득가	시세	공시가격 (2018년)	전용면적	비고
Ⓐ	서울	1990년	3,000만 원	3억 원	1억 6,000만 원	37㎡	월세 90만 원
Ⓑ	서울	2004년	3억 원	9억 원	5억 원	114㎡	계속 거주
Ⓒ	서울	1995년	1억 5,000만 원	6억 원	4억 원	84㎡	전세 2억 5,000만 원
Ⓓ	강화군	2017년	1억 5,000만 원	1억 5,000만 원	9,000만 원	81㎡	전세 8,000만 원

는 따로 살고 있다. 김막둥 씨는 보유세와 양도세에 관해 저마다 다른 얘기를 해서 들을 때마다 더 혼란스럽다. 김막둥 씨는 언제나 정확하고 세밀하게 자문을 해주는 세무사에게 보유세와 양도세 등을 자문 받으려고 찾아갔다. 세무사는 다음의 4가지 질문에 관해 각각의 세금과 절세전략을 조언해주었다.

Q 2019년 4월 현재 시세의 70%로 2019년 기준시가가 고시된다고 할 때, 매년 내야 하는 보유세는 얼마인가?

A 보유세는 2배 이상 증가해 2022년 이후 매년 약 970만 원을 부담해야 한다.

2019년 기준시가(공시가격)가 시세의 70%로 고시되면 2018년 재산세와 종합부동산세 등의 총 세금은 430만 6,660원에서 2019년에는 797만 6,290원으로 366만 9,630원 증가한다. 2022년에는 총 세금이 967만 1,450원으로 536만 4,790원 증가한다.

[표 2-5] 현 상태에서의 보유세 변화

구분	2018년	2019년	2020년	2021년	2022년
재산세 등	235만 5,600원	276만 180원	293만 4,180원	295만 6,870원	297만 5,630원
종합부동산세 등	195만 1,060원	521만 6,110원	564만 3,610원	616만 9,810원	669만 5,820원
총 세금	430만 6,660원	797만 6,290원	857만 7,790원	912만 6,680원	967만 1,450원
2018년 대비 증가	—	366만 9,630원	427만 1,130원	482만 20원	536만 4,790원

▶ '재산세 등'은 재산세와 도시지역분재산세 및 지방교육세, '종합부동산세 등'은 종합부동산세와 농어촌특별세를 포함한 금액이다.

Q 현 상태에서 임대소득세는 얼마나 내야 하는가?

A 임대소득세는 54만 8,540원을 내야 한다.

연 임대수입은 월세 수입 1,080만 원과 간주임대료 수입 32만 4,000원, 총 1,112만 4,000원으로 분리과세 대상이다. 임대등록을 하지 않았으므로 필요경비 50%인 556만 2,000원을 차감하고 공제액 200만 원을 차감한 금액 356만 2,000원에 14%의 세율을 적용한 49만 8,680원의 소득세와 지방소득세 4만 9,860원을 내야 한다.

Q 현 상태에서 Ⓐ→Ⓒ→Ⓑ 순으로 매도하면 양도세는 총 얼마인가?

A 현 상태에서 Ⓐ→Ⓒ→Ⓑ 순으로 매도하면 양도세는 총 3억 6,751만 원이다.

Ⓐ, Ⓑ, Ⓒ 모두 조정대상지역에서 Ⓐ는 3주택 중과세(20% 추가 세율 적용), Ⓒ는 2주택 중과세(10% 추가 세율 적용)를 적용받는다. 장기보유특별공제도 적용받지 못한다. Ⓐ는 1억 4,932만 5,000원의 양도세(지방소득세 포함), Ⓒ는 2억 1,818만 5,000원의 양도세(지방소득세 포함)를 내고 Ⓑ는 일시적 2주택으로 양도세 비과세를 받을 수 있다.

Q 5년 후 Ⓐ, Ⓑ, Ⓒ 3주택을 모두 처분할 때 어떻게 절세해야 하는가?

A Ⓐ를 장남과 차남에게, Ⓒ를 아내에게 증여하고 Ⓓ를 임대등록한 후 Ⓐ와 Ⓒ를 증여일로부터 5년이 지나서 매도한 다음 Ⓑ를 비과세로 매도한다.

① 증여하면 보유세는 2022년까지 2,217만 3,600원을 절세할 수 있다. Ⓐ와 Ⓒ를 아내와 자녀에게 증여하면 종합부동산세를 절세할

[표 2-6] Ⓐ와 Ⓒ의 증여 전후 보유세 변화

구분	2019년	2020년	2021년	2022년
현 상태	797만 6,290원	857만 7,790원	912만 6,680원	967만 1,450원
Ⓐ와 Ⓑ 임대등록 후	292만 6,140원	337만 2,640원	341만 8,720원	346만 1,110원
임대등록 절세액	505만 150원	520만 5,150원	570만 7,960원	621만 340원

수 있다. 다만, 재산세는 절세되지 않는다. Ⓑ를 2020년 6월 이후에 매도하면 2021년 이후부터 주택에서 제외돼 보유세는 더 줄어든다.

② 증여로 임대소득세는 자녀들의 상황에 따라 증가할 수도 있다. Ⓐ를 자녀에게 증여하면 자녀의 임대 외 소득금액이 연 2,000만 원을 초과해 공제액이 200만 원이 아닌 0원이 돼 분리과세를 하더라도 소득세가 늘어날 수 있다. 그러나 금액은 최대 30만 8,000원으로 크지 않다.

③ 증여로 취득세와 증여세로 4,068만 원을 내지만 Ⓒ의 양도세를 비과세 받을 수 있다. Ⓐ와 Ⓒ를 증여하면 취득세와 증여세를 총 4,068만 원 내야 한다. 그러나 증여 후 5년이 지나 Ⓐ, Ⓒ를 매도 시 양도세는 0원이다. Ⓐ와 Ⓒ를 아내와 자녀에게 증여한 후 현 시세로 매도하면 양도차익이 없어서 양도세는 0원이다. 다만, 증여할 때 자녀는 1인당 증여세 970만 원씩과 취득세 304만 원씩을 내야 한다. 아내는 10년 이내에 남편으로부터 증여받은 재산이 없다면 6억 원인 Ⓒ를 증여해도 증여세는 없다. 취득세 1,520만 원을 내면 된다. Ⓐ와 Ⓒ를 증여일로부터 5년 후 매도하고 남는 주택은 Ⓑ와 임대등록한 Ⓓ인데, Ⓑ에 2년 이상 거주했으므로 비과세가 가능하다.

2부

―

보유세:
재산세·종합부동산세·
임대소득세

3장

계산구조로 알아보는
절세 포인트

01

재산세는 2018년보다
최대 30%까지 늘어날 수 있다

김막둥 씨는 2019년에 보유세가 상당히 오를 것이라는 뉴스를 계속 접하다 보니 자신이 소유한 Ⓐ주택의 재산세가 은근히 걱정되었다. 어느 날 친구인 세무사에게 "2019년 공시가격이 오르면 재산세를 많이 낼까 봐 걱정"이라고 했더니 친구는 "공시가격과 2018년도 재산세가 얼마니?"라고 물어서 "공시가격은 2억 원이고 2018년도 재산세는 12만 원 정도 냈어"라고 답했다. 세무사는 큰소리로 웃으면서 "걱정하지 마라. 공시가격이 아무리 뛰어도 2019년에는 12만 6,000원을 넘지 않으니까"라고 했다. 김막둥 씨는 그 말을 듣고 안심이 됨과 동시에 재산세가 왜 그렇게 나오는지 궁금했다.

핵심개념

전년도 재산세의 130%를 넘지 않는다.

재산세는 주택의 공시가격에 60%(공정시장가액비율이라 하는데 2019년 현재 60%)를 곱한 금액에 0.1~0.4%의 재산세 세율을 곱해 산출한다. 그다음 전년도 재산세액과 비교해 전년도 재산세액의 일정비율 이내에서 최종 재산세액으로 확정한다.

[그림 3-1] 재산세 계산

계산순서	계산식	비고		
재산세 산출세액	공시가격×60%×세율 (0.1~0.4% 누진)	**공시가격×60%**		**세율**
		6,000만 원 이하		0.1%
		6,000만 원 초과~1억 5,000만 원 이하		0.15%
		1억 5,000만 원 초과~3억 원 이하		0.25%
		3억 원 초과		0.4%
최종 재산세액	적은 금액=①과 ② 중 적은 금액 ① 세부담상한 (전년도 재산세×일정비율) ② 재산세 산출세액	**공시가격**		**세부담상한**
		3억 원 이하		전년도 재산세×105%
		3억 원 초과~6억 원 이하		전년도 재산세×110%
		6억 원 초과		전년도 재산세×130%

사례분석

세부담상한으로 매년 재산세 증가액이 크지 않다.

Ⓐ주택의 재산세 산출세액은 1억 2,000만 원(=2억 원×60%)에 세율(0.1%와 0.15%)을 곱하면 15만 원(=6,000만 원×0.1%+6,000만 원×0.15%)이다. 그런데 세부담상한은 12만 6,000원(=2018년도 재산세

12만 원×105%)이므로 2019년 재산세액 납부액은 12만 6,000원이다.

매년 6월 1일 소유자가 당해연도 재산세를 1년에 2번 나눠 낸다.

따라서 6월을 전후해 매매를 할 경우 당해연도 재산세 납부를 고려
해야 한다. 재산세는 시군·구청에서 고지서를 보내오면 [표 3-1]과
같이 2번에 걸쳐서 내야 한다.

[표 3-1] 재산세 납부기한

세목	납부기한
재산세, 지방교육세(재산세의 20%), 지역자원시설세, 도시지역분재산세	50%: 매년 7월 16일~31일 납부 50%: 매년 9월 16일~30일 납부

▶ 재산세와 함께 지방교육세, 지역자원시설세, 도시지역분재산세가 추가로 고지될 수 있다.

O━ KEY POINT

☑ 소유주택의 공시가격과 세부담상한

02
배보다 배꼽이 더 크다!
재산세에 부가되는 세금들

김막둥 씨는 재산세 고지서를 받고 깜짝 놀랐다. 공시가격 2억 원인
Ⓐ주택의 2019년 재산세가 15만 원일 것이라는 얘기를 듣고 별거
아니라고 생각했는데 고지서의 금액은 39만 3,100원이었기 때문이
다. 세무사에게 왜 재산세가 많은지 물어보니 재산세는 15만 원이
맞고 24만 3,100원은 지방교육세와 도시지역분재산세 및 건물시가
표준액 6,000만 원에 부과되는 지역자원시설세라는 답변을 들었다.
김막둥 씨는 재산세 외에 부과되는 세금이 왜 많은지 궁금했다.

핵심개념

지방교육세, 도시지역분재산세, 지역자원시설세가 적지 않은 이유가 있다.
지방교육세는 재산세의 20%이며, 도시지역분재산세는 도시계획구

역 내에 소재하는 주택에 대해 공시가격의 60%에 0.14%를 곱해 산출한다. 도시계획구역이 아닌 지역에 소재하는 주택은 도시지역 분재산세를 부과하지 않는다. 지역자원시설세는 건물 부분의 시가표준액에 대해 [표 3-2]와 같이 계산된다.

[표 3-2] 지역자원시설세의 세율 적용

건물의 시가표준액	세율
600만 원 이하	0.04%
600만 원 초과~1,300만 원 이하	2,400원+600만 원 초과 금액×0.05%
1,300만 원 초과~2,600만 원 이하	5,900원+1,300만 원 초과 금액×0.06%
2,600만 원 초과~3,900만 원 이하	1만 3,700원+2,600만 원 초과 금액×0.08%
3,900만 원 초과~6,400만 원 이하	2만 4,100원+3,900만 원 초과 금액×0.10%
6,400만 원 초과	4만 9,100원+6,400만 원 초과 금액×0.12%

▶ 주택 건물분의 시가표준액은 주택의 건물과 토지에 대해 일괄고시하는 공시가격과 다르다.

사례분석

특히 도시지역분재산세 금액에 유의한다.

Ⓐ주택에 대해 기본적으로 재산세 15만 원의 20%인 3만 원이 지방교육세로 부과된다. 지역자원시설세는 건물의 시가표준액 6,000만 원에 대해 4만 5,100원{=2만 4,100원+(6,000만 원-3,900만 원)×0.1%}이 부과된다. Ⓐ주택이 도시계획구역 내에 소재하면 도시지역분재산세로 16만 8,000원(=2억 원×60%×0.14%)이 추가로 부과된다.

O─ KEY POINT

☑ 도시지역분재산세   ☑ 지방교육세   ☑ 지역자원시설세

어려운 종합부동산세
계산은 못해도 절세 변수는 알아두자

김막둥 씨와 절친 최장남 씨는 요즘 연일 종합부동산세 급등이라는 뉴스로 고민이다. 김막둥 씨는 공시가격 10억 원 Ⓐ주택 1채만 단독 소유한 1세대 1주택자다. 최장남 씨는 1세대 2주택자인데 공시가격 6억 원인 Ⓑ주택을 아내와 공동 소유하고 있고 Ⓒ주택은 단독명의로 소유하고 있다. 세무사에게 종합부동산세가 얼마인지 물어보니 세율과 공시가격 적용비율의 상승으로 2018년보다 종합부동산세가 늘어난다고 한다. 얼마나 늘어날지는 2019년 고시되는 공시가격의 상승 폭에 달려 있다고 한다. 다만, 최장남 씨의 아내는 공시가격 6억 원 이하로 종합부동산세를 내지 않아도 된다고 한다.

핵심개념

① 1세대 1주택 단독 소유자는 9억 원, 그 외의 자는 6억 원을 초과하면 종합부동산세를 내야 한다.

1세대 1주택 단독명의로 소유한 경우, 공시가격이 9억 원을 초과하면 종합부동산세를 내야 한다. 그 외는 소유한 주택의 공시가격의 합계액이 6억 원을 초과하면 종합부동산세를 내야 한다.

[그림 3-2] 주택 수별 종합부동산세 과세 판단

② 주택 수와 공시가격 및 적용비율에 따라 종합부동산세가 변동한다.

종합부동산세는 개인의 소유주택들의 공시가격을 모두 합해서 계산한다. 재산세와 달리 주택 1채마다 각각 계산하지 않는다. 종합부동산세 계산 과정은 복잡한데 세무서에서 납부 안내문이 나오면 소유주택들과 공시가격들이 제대로 반영되었는지 확인하면 되고 개인이 계산할 필요는 없다. [그림 3-3]의 3단계 과정을 거치는 종합부동산세 계산은 참고만 하고, 실제로는 종합부동산세의 예상 추이를 알아둘 필요가 있다.

[그림 3-3] 종합부동산세 계산 과정

계산 과정

① 1세대 1주택 단독={주택 공시가격 합계액×(1-감면율)-9억 원}×적용비율×세율
② ① 이외={주택 공시가격 합계액×(1-감면율)-6억 원}×적용비율×세율
  ※적용비율→2019년: 85%, 2020년: 90%, 2021년: 95%, 2022년: 100%
  ※세율

(주택공시가격 합계-6억 원)×80% ▶ 1주택은 9억 원 차감	세율	
	3주택 이상 또는 조정대상지역 2주택	그 외
3억 원 이하	0.6%	0.5%
3억 원 초과~6억 원 이하	0.9%	0.7%
6억 원 초과~12억 원 이하	1.3%	1.0%
12억 원 초과~50억 원 이하	1.8%	1.4%
50억 원 초과~94억 원 이하	2.5%	2.0%
94억 원 초과	3.2%	2.7%

종합
부동산
산출세액

공제할
재산세액

'{주택 공시가격 합계액-6억 원(1주택 단독명의 9억 원)}×적용비율'에 부과된
재산세액

최종
납부세액

세부담상한 적용
전년도 재산세와 종합부동산세 합계액의 150%(조정대상지역 2채 소유 2주택자: 200%,
3주택 이상자: 300%) 초과하는 금액은 제외

'{주택 공시가격 합계액-6억 원(1주택 단독명의 9억 원)}×적용비율'에 부과된 재산세액 계산법:

$$= \text{재산세 부과액의 합계액} \times \frac{\{\text{주택공시가격 합계액}-6억 원(\text{또는 }9억 원)\} \times 85\% \times 60\% \times 0.4\%}{\text{공시가격의 합계액} \times 60\% \times \text{재산세 세율}}$$

사례분석

1주택 공동명의자는 공시가격 6억 원 초과 시 종합부동산세를 내야 한다.

막둥 씨는 소유주택의 공시가격이 9억 원을 초과하므로 종합부동

산세를 내야 한다. 장남 씨의 아내는 공시가격 합계액이 6억 원 이하(3억 원)이므로 종합부동산세를 내지 않는다. 장남 씨는 공시가격 합계액 9억 원(=Ⓑ주택지분 3억 원+Ⓒ주택 6억 원)이 6억 원을 초과하므로 종합부동산세를 내야 한다.

종합부동산세 납부는 매년 12월에 신고 또는 납부하고 250만 원 초과 시 분납도 가능하다.

종합부동산세는 11월에 고지서가 나오면 매년 12월 1일~15일까지 납부한다. 추가로 농어촌특별세도 내야 한다. 납부할 종합부동산세액이 250만 원을 초과하면 납부기한이 경과한 날(12월 15일)부터 6개월 이내까지 분납할 수 있다. 분납을 하려면 관할세무서에 분납신청서를 제출한 후 분납세액을 제외한 금액이 기재된 고지서를 재교부받아 12월 1일~15일까지 납부한 다음 분납세액을 다음 연도 2월 15일까지 납부한다. 분납고지서는 다음 연도 1월 하순경 발부된다.

[표 3-3] 종합부동산세 납부기한

세목	납부기한
종합부동산세, 농어촌특별세 (종합부동산세의 20%)	매년 12월 1일~15일 납부

○━ KEY POINT

☑ 소유주택 수(1주택 단독, 2주택, 3주택 이상)   ☑ 공시가격

04
공시가격이 오르지 않아도
종합부동산세는 매년 늘어날 수 있다

김막둥 씨는 2018년 공시가격이 10억 원인 Ⓐ와 6억 원인 Ⓑ주택을 소유하고 있다. 2018년 종합부동산세(농어촌특별세 포함)는 354만 8,180원을 냈다. 세무사에게 2019년 공시가격이 2018년과 똑같다면 종합부동산세도 2018년도와 동일한 세금을 내면 되는지 물어보았더니 "2019~2022년까지 매년 늘어"라는 답변을 듣고 슬슬 걱정이 되었다. "그럼 2019년 공시가격이 Ⓐ는 14억 원, Ⓑ는 7억 원으로 상승하면 얼마나 늘어나?"라고 물었다. 세무사가 계산을 해보더니 "꽤 늘어. 2019년에는 932만 8,360원, 2022년에는 1,377만 6,180원"이라는 말을 듣고 김막둥 씨는 순간 멍해졌다.

핵심개념

공시가격이 매년 동일해도 적용비율 상승으로 종합부동산세도 2022년까지 상승한다.

종합부동산세 계산 시 공시가격에 적용하는 비율이 2019년부터 매년 5%씩 상승해 2022년 공시가격의 100%를 적용한다. 따라서 공시가격이 매년 동일하더라도 적용비율이 매년 5%씩 2022년까지 상승하므로 종합부동산세는 증가한다.

[표 3-4] 연도별 공시가격 적용비율

연도	2019년	2020년	2021년	2022년 이후
적용비율	85%	90%	95%	100%

사례분석

공시가격이 상승하면 종합부동산세 상승 폭은 훨씬 크다.

2019년 이후 공시가격이 2018년과 동일하더라도 종합부동산세는 2019년 733만 2,440원, 2022년 932만 5,230원으로 2018년 354만 8,180원에 비해 2배 넘게 상승한다. 적용비율이 5%씩 상승한 효과다. 그런데 2019년 이후 공시가격이 14억 원, 7억 원으로 상승하면 종합부동산세는 2019년 932만 8,360원, 2022년 1,377만 6,180원으로 2018년 354만 8,180원에 비해 3배 넘게 상승한다.

०── KEY POINT

☑ 2019~2022년까지 매년 5%씩 적용비율 상승

3주택 이상자와 조정대상지역 내 2주택자:
종합부동산세 세율이 가장 높다

김막둥 씨와 절친 최장남 씨는 공시가격 10억 원과 6억 원인 주택 2채씩을 소유하고 있고 2018년에 종합부동산세(농어촌특별세 포함) 는 354만 8,180원을 냈다. 김막둥 씨는 세무사가 "막둥아, 장남이 종합부동산세는 2019년 535만 2,440원, 2022년 680만 5,230원이 지만 너의 종합부동산세는 2019년 733만 2,440원, 2022년 932만 5,230원으로 네가 더 많이 내"라고 하자 "공시가격도 똑같은데 왜 내가 많이 나오냐?"고 따지듯이 물었다. 그러자 세무사는 "장남이 는 조정대상지역에 1채, 비조정대상지역에 1채인데 너는 2채 모두 조정대상지역 내에 있어서 세율이 높아"라고 했다. 김막둥 씨는 공 시가격도 동일한데 왜 종합부동산세를 더 내야 하는지 억울한 표정 을 지었다.

핵심개념

3주택 이상 또는 조정대상지역 내 2채를 보유한 2주택자의 종합부동산세 부담이 더 크다.

3주택 이상자 또는 2주택자로 2채 모두 조정대상지역 내 소재하는 경우, 종합부동산세 세율은 0.6~3.2%다. 그 외(1주택자나 2주택자 중 조정대상지역 내 주택이 1채 이하)는 0.5~2.7%의 종합부동산세 세율을 적용한다. 따라서 동일한 공시가격이라도 전자의 종합부동산세 부담이 더 크다.

[표 3-5] 주택 수에 따른 종합부동산세 세율

(주택공시가격 합계-6억 원)×80% ▶ 1주택은 9억 원 차감	세율	
	3주택 이상 또는 조정대상지역 2주택	그 외
3억 원 이하	0.6%	0.5%
3억 원 초과~6억 원 이하	0.9%	0.7%
6억 원 초과~12억 원 이하	1.3%	1.0%
12억 원 초과~50억 원 이하	1.8%	1.4%
50억 원 초과~94억 원 이하	2.5%	2.0%
94억 원 초과	3.2%	2.7%

사례분석

동일한 공시가격이라도 조정대상지역 내 2채인 2주택자는 종합부동산세 부담이 크다.

막둥 씨와 장남 씨는 각각 공시가격 10억 원과 6억 원인 주택 2채씩을 동일하게 소유하고 있지만, 장남 씨의 소유주택 중 1채가 조정대상지역이 아닌 지역에 소재함으로써 막둥 씨에 비해 낮은 종합부동산세율을 적용받는다. 그로 인해 장남 씨는 2019년 535만 2,440원, 2022년 680만 5,230원의 종합부동산세를 내는 반면 막둥 씨는 2019년 733만 2,440원, 2022년 932만 5,230원의 종합부동산세를 내야 한다.

🔑 KEY POINT

☑ 3주택 이상 또는 조정대상지역 내 2채 소유 시 0.6~3.2% 누진세율

06

종합부동산세 세부담상한이 있다고
안심하지 말라

김막둥 씨는 공시가격 10억 원과 6억 원인 주택 2채를 모두 조정대
상지역 내에 소유하고 있고 2018년에 종합부동산세(농어촌특별세
포함) 354만 8,180원을 납부했다. 종합부동산세 상한이 300%에서
200%로 낮아졌으니 종합부동산세 부담이 줄어든다는 뉴스를 접
하고 '2019년 공시가격이 12억 원과 7억 원으로 상승되더라도 종합
부동산세는 2배가 넘지 않으니까 최대 700만 원 정도까지겠네'라고
생각하고 있었다. 정확한 종합부동산세를 알고 싶어 세무사에게 계
산을 부탁했더니 "2019년에는 932만 8,360원, 2022년에는 1,377만
6,180원을 내야 해"라는 답변을 듣고 "무슨 소리야! 종합부동산세
는 2배를 넘지 않는다는데?"라고 답답하다는 투로 말했다. 그러
자 세무사는 "네가 잘 못 알고 있는 게 있는데, 2018년도 종합부동

산세의 2배가 아니야. 2019년 재산세와 종합부동산세의 합계액이 2018년도 재산세와 종합부동산세 합계액의 2배를 넘지 못해. 따라서 2019년도 종합부동산세는 2018년도의 2배가 넘을 수 있는 거야"라고 했다. 막둥 씨는 마음이 급해지기 시작했다.

핵심개념

주택 수와 소재 지역에 따라 세부담상한이 다르다.

세부담상한이란 당해연도의 재산세와 종합부동산세의 합계액이 전년도 재산세와 종합부동산세의 합계액의 일정비율을 넘지 못하도록 상한선을 규정한 것이다. 3주택 이상자는 300%, 2주택자로 2채 모두 조정대상지역 내 소재하면 200%, 그 외(1주택자나 2주택자 중 조정대상지역 내 주택이 1채 이하)는 150%로 규정한다.

[표 3-6] 주택 수별 세부담상한

구분	세부담상한
1주택자 또는 2주택으로 조정대상지역 내 주택이 1채 이하	150%
2주택으로 조정대상지역 내 주택이 2채	200%
3주택 이상자	300%

사례분석

세부담상한을 적용하면 1~2년 정도만 세금이 증가하고 장기적으로 세부담상한이 없는 종합부동산세를 낸다.

사례에서 세부담상한이 없다고 하면 막둥 씨는 2019년에 종합부동산세는 1,060만 5,750원을 내야 하지만, 세부담상한 200%로 인

66

해 932만 8,360원만 내면 된다. 그런데 2020년에는 2019년의 재산세와 종합부동산세의 200%, 2021년에는 2020년의 재산세와 종합부동산세의 200%, 2022년에는 2021년의 재산세와 종합부동산세의 200%의 세부담상한을 적용하는 경우 매년 세부담상한액이 증가할 수 있다. 결국 2022년에는 1,377만 6,180원으로 세부담상한이 없는 것과 같은 종합부동산세를 내게 된다.

🔑 KEY POINT

☑ 전년도 재산세+종합부동산세 합계액 기준　☑ 주택 수별 세부담상한

07
1주택자 종합부동산세:
세액감면이 없다면 공동명의가 적다

무주택자인 김막둥 씨는 2018년 공시가격이 12억 원인 Ⓐ주택을 매입하려고 하는데 2019년 공시가격이 15억 원으로 고시되면 종합부동산세가 많을까 걱정돼서 아내와 공동명의로 취득하려고 한다. 그런데 주변에서 1세대 1주택자는 단독명의로 취득해야 종합부동산세가 적다고 해서 세무사에게 공동명의와 단독명의 중 어느 것이 종합부동산세가 적은지 문의했다. 세무사는 "공동명의가 단독명의보다 종합부동산세가 적어. 2019년에는 112만 3,200원, 2022년에는 188만 8,620원 적게 내"라고 했다. 김막둥 씨는 아내와 공동명의로 취득하기로 했다.

핵심개념

① 단독명의보다 공동명의가 종합부동산세 부담이 훨씬 적다.

1주택자 단독명의라면 공시가격이 9억 원을 초과할 때, 1주택자 공동명의라면 개인별 6억 원을 초과할 때 종합부동산세를 낸다. 왜 공동명의가 종합부동산세 부담이 적을까? 공동명의는 단독명의와 세율은 동일한데 공시가격을 분산시켜 낮은 세율을 적용하기 때문이다. 공시가격대별 종합부동산세를 비교하면 [표 3-7]과 같다.

[표 3-7] 단독명의와 공동명의 1주택자 종합부동산세 비교

구분	1주택 단독명의 종합부동산세		1주택 공동명의: 2명 합산 종합부동산세	
공시가격	2019년	2022년	2019년	2022년
9억 원	0원	0원	0원	0원
10억 원	26만 5,200원	31만 2,000원	0원	0원
12억 원	79만 5,000원	93만 6,000원	0원	0원
15억 원	209만 5,200원	259만 2,000원	59만 7,860원	70만 3,380원
20억 원	564만 7,200원	715만 2,000원	196만 5,040원	256만 5,960원
25억 원	1,029만 1,200원	1,363만 2,000원	423만 6,600원	559만 8,360원
30억 원	1,620만 7,200원	2,059만 2,000원	772만 6,240원	1,010만 6,180원

▶ 위 세금은 2018년도 세부담상한 내라고 가정한 금액으로 동일한 공시가격이라도 세금 차이가 있을 수 있다.

② 종합부동산세를 감면받으면 공동명의보다 세금이 적어질 수 있다.

1주택 단독명의는 종합부동산세 감면을 최대 70%까지 받을 수 있지만 공동명의는 감면받지 못한다. 1세대 1주택을 단독 소유한 경우, 공시가격이 9억 원을 초과하더라도 과세기준일(6월 1일) 현재 소유자의 나이(60세 이상 10%, 65세 이상 20%, 70세 이상 30% 세액공제)와 주

택 보유기간(5년 이상 20%, 10년 이상 40% 15년 이상 50% 세액공제)에 따라 종합부동산세액이 달라진다. 단, 세액공제율은 총 70%를 넘지 못한다. 예를 들어 70세 이상자가 15년 이상 보유한 경우, 세액공제율은 80%가 아닌 70%를 적용한다.

사례분석

최초 매입 시 공동명의로 하면 종합부동산세가 적다.

Ⓐ주택을 단독명의로 매입하면 종합부동산세는 2019년 160만 9,200원, 2020년 226만 800원, 2021년 242만 6,400원, 2022년 259만 2,000원이다. 공동명의로 취득하면 부부합산 종합부동산세는 2019년 48만 6,000원, 2020년 63만 3,020원, 2021년 68만 8,200원, 2022년 70만 3,380원을 내면 된다. 단독명의로 취득하면 공동명의로 취득할 때보다 4년간 총 639만 7,800원 더 부담해야 한다. 10년간 약 1,800만 원 이상 더 내게 된다.

[표 3-8] Ⓐ주택의 종합부동산세 변화

구분	2019년	2020년	2021년	2022년
단독명의	160만 9,200원	226만 800원	242만 6,400원	259만 2,000원
공동명의	48만 6,000원	63만 3,020원	68만 8,200원	70만 3,380원
차이	112만 3,200원	162만 7,780원	175만 8,200원	188만 8,620원

○━ KEY POINT

☑ 단독명의 9억 원, 세액감면 ☑ 공동명의 1명당 6억 원

08

조정대상지역 내 2주택자:
종합부동산세 3배 이상 급증할 수 있다

김막둥 씨는 조정대상지역 내에 공시가격 6억 원인 주택 2채를 소유한 2주택자다. 2018년에 납부한 종합부동산세(농어촌특별세 포함)는 188만 4,670원이다. 그런데 종합부동산세가 2022년까지 매년 상승한다고 해서 걱정이다. 세무사에게 2019년 공시가격이 7억 원으로 상승하면 2019년도와 2022년 종합부동산세는 얼마인지 물었더니 "2019년에는 513만 7,340원, 2022년은 674만 7,690원으로 2018년도 대비 3배 이상을 내야 해"라고 답해 충격을 받았다.

핵심개념

조정대상지역 내 2채인 2주택자의 세율이 높다.

조정대상지역 내 주택이 1채 이하라면 종합부동산세 세율이 0.5~

2.7%이지만 조정대상지역 내 주택이 2채라면 종합부동산세 세율은 0.6~3.2%로 상대적으로 높다. 따라서 공시가격이 동일하더라도 후자는 공시가격이 클수록 적용되는 세율이 더 차이가 나서 전자보다 더 많은 종합부동산세를 부담하게 된다.

[표 3-9] 주택 소재지에 따른 2주택자의 종합부동산세 비교

구분	2주택: 조정대상지역 내 2채		2주택: 조정대상지역 내 1채 이하	
공시가격	2019년	2022년	2019년	2022년
5억 원 2채	196만 1,320원	249만 8,020원	150만 5,320원	189만 8,030원
6억 원 2채	337만 460원	415만 5,840원	250만 6,460원	307만 5,840원
7억 5,000만 원 2채	623만 8,140원	803만 7,810원	456만 4,140원	587만 7,810원
10억 원 2채	1,169만 4,570원	1,565만 7,150원	849만 570원	1,145만 7,150원
15억 원 2채	2,759만 2,160원	3,443만 790원	2,032만 160원	2,543만 790원

사례분석

공시가격이 상승하면 종합부동산세는 급증할 수 있다.

특히 조정대상지역 내 주택이 2채인 경우, 공시가격이 상승하면 종합부동산세는 급증하는 현상이 발생하므로 적극적인 절세 대책을 마련해야 한다. 조정대상지역 내 2채를 소유한 막둥 씨는 2019년 공시가격이 7억 원으로 상승하면 2018년 188만 4,670원의 종합부동산세(농어촌특별세 포함)에서 2019년에는 513만 7,340원, 2022년은 674만 7,690원으로 2018년도 대비 3배 이상 증가한다.

O━ KEY POINT

☑ 0.6~3.2% 누진세율   ☑ 공시가격 상승 시 급증   ☑ 소득 대비 부담

09

3주택 이상자:
공시가격 상승하면 종합부동산세 부담될 수 있다

최장남 씨는 공시가격이 4억 원, 5억 원, 6억 원인 주택 3채를 소유하고 있다. 모두 3년 전에 매입한 주택으로 2채는 전세로 임대를 주고 있다. 2019년 4월 현재 임대등록을 하지 않은 상태다. 2018년에 종합부동산세(농어촌특별세 포함)로 342만 3,260원을 납부했는데, 2019년 공시가격이 1억 원씩 상승하면 2019~2022년까지 종합부동산세를 얼마나 내야 하는지 세무사에게 문의했다. 세무사는 "2019년 1,024만 9,140원, 2020년 1,099만 3,170원, 2021년 1,182만 3,910원, 2022년 1,265만 4,640원으로 3배 이상 급증한다"고 알려주었다. 장남 씨는 종합부동산세를 어떻게 마련해야 할지 고민에 빠졌다.

핵심개념

공시가격이 2018년도와 동일해도 종합부동산세가 급증한다.

3주택 이상자의 종합부동산세 세율은 0.6~3.2%로 2018년도 종합부동산세 세율 0.5~2.0%에 비해 높아졌고 공시가격 적용비율도 80%에서 5%씩 매년 증가한다. 그에 따라 공시가격이 2018년도와 동일하더라도 종합부동산세가 급증하게 된다.

[표 3-10] 공시가격 변동에 따른 3주택 이상자의 종합부동산세 비교

공시가격	2018년	2018년도와 공시가격이 동일할 경우		2018년 대비 공시가격이 10% 상승할 경우	
		2019년	2022년	2019년	2022년
12억 원(4억 원 3채)	210만 5,850원	360만 5,470원	443만 2,320원	462만 4,650원	609만 5,480원
15억 원(5억 원 3채)	348만 6,100원	670만 5,480원	858만 7,630원	851만 1,060원	1,054만 210원
18억 원(6억 원 3채)	501만 9,270원	1,001만 7,480원	1,248만 4,090원	1,199만 3,200원	1,588만 8,480원
21억 원(7억 원 3채)	653만 1,420원	1,375만 7,130원	1,815만 4,280원	1,712만 2,870원	2,211만 3,960원
24억 원(8억 원 3채)	875만 1,400원	1,856만 3,860원	2,380만 9,260원	2,240만 3,230원	2,832만 6,160원

사례분석

공시가격이 상승하면 종합부동산세는 더욱 급증한다.

장남 씨의 소유주택의 공시가격이 각각 1억 원 상승하면 종합부동산세는 342만 3,260원에서 2019년 1,024만 9,140원, 2020년 1,099만 3,170원, 2021년 1,182만 3,910원, 2022년 1,265만 4,640원으로 3배 넘게 증가한다. 참고로 공시가격이 2018년도와 동일해도 2022년 종합부동산세는 850만 9,090원으로 2배 이상 급증한다. 3주택 이상자의 경우, 공시가격이 상승하면 종합부동산세는 더 급

증하는 현상이 발생하므로 적극적인 절세 대책을 마련해야 할 필요
가 있다.

☑ 0.6~3.2% 누진세율　☑ 공시가격 상승 시 급증　☑ 소득 대비 부담

10
주택 수와 전월세 수입에 따라
임대소득세가 다르다

김막둥 씨는 친구 최장남 씨, 이차남 씨와 임대소득세를 내야 하는
지 이야기하면서 점점 목소리가 올라갔다. 막둥 씨가 "나는 1주택
자라서 월세 300만 원에 대해 임대소득세를 내지 않아도 된다니까!
2주택자인 장남이는 월세 50만 원과 보증금 1억 원에 대해 소득세
를 내야 하고, 3주택자인 차남이도 보증금 1억 원과 월세 400만 원
에 대해 소득세를 내야 해"라고 하자, 장남 씨가 "아니야. 1주택자라
도 공시가격 9억 원이 넘으면 임대소득세를 내야 해! 난 보증금에
대해 소득세를 안 내고"라고 언성을 높였다. 옆에 있던 차남 씨가
"장남이 말이 맞아. 보증금도 무조건 내는 건 아니라고 들었어. 임
대수입이 연 2,000만 원 이하이면 낮은 세율로 세금을 계산한데"라
고 장남 씨를 거들었다.

핵심개념

소유주택 수와 전월세 임대수입에 대한 소득세가 다르다.

주택을 임대해 발생하는 소득은 [표 3-11]과 같이 소득세를 계산해 내야 한다. 1주택자로 임대주택이 기준시가(공시가격) 9억 원을 초과하면 수령하는 월세에 대해 소득세를 내야 하는데, 연 월세수입이 2,000만 원 이하이면 다른 소득과 합산하지 않고 15.4%(지방소득세 포함)로 분리과세 한다. 2주택자도 월세 수입이 2,000만 원 이하이면 15.4%로 분리과세 한다. 3주택 이상자는 월세와 간주임대료_{전세보증금에 대해 정기예금이자율을 감안한 다음 산정한 임대료}의 수입이 2,000만 원 이하일 경우, 분리과세 한다. 종합과세란 임대수입 외에 다른 소득인 근로소득, 사업소득 등이 있으면 임대수입과 타 소득을 합산해 소득세를 계산하는 것으로 세금 부담이 커질 수 있다.

[표 3-11] 주택 수별 임대소득 과세 여부

소유주택 수(부부합산 주택 수) 등 기준			과세 여부
1주택	기준시가 9억 원 이하		비과세
	기준시가 9억 원 초과	월세 수입 2,000만 원 이하	분리과세 15.4%(지방소득세 포함) (단, 종합과세가 적으면 종합과세)
		월세 수입 2,000만 원 초과	종합과세
2주택	월세 수입 2,000만 원 이하		분리과세 15.4% (단, 종합과세가 적으면 종합과세)
	월세 수입 2,000만 원 초과		종합과세
3주택 이상	월세+보증금 간주임대료 2,000만 원 이하		분리과세 15.4% (단, 종합과세가 적으면 종합과세)
	월세+보증금 간주임대료 2,000만 원 초과		종합과세

▶ 보증금 간주임대료=(보증금 합계−3억 원)×적수×60%×1/365×정기예금이자율(2.1%)

사례분석

연 임대수입이 2,000만 원을 초과하고 다른 소득이 있다면 합산과세 한다.

막둥 씨는 1주택자이지만 공시가격이 9억 원을 초과하고 임대수입이 연 3,600만 원이므로 다른 소득(근로소득 등)과 합산해 소득세를 내야 한다. 장남 씨는 2주택자로 임대수입이 연 1,200만 원이므로 15.4%로 분리과세 한다. 보증금은 소득세를 과세하지 않는다. 차남 씨는 3주택자로 연 임대수입이 2,000만 원을 초과하므로 다른 소득 (근로소득 등)과 합산해 소득세를 내야 한다. 이때 보증금은 전용면적과 기준시가에 따라 소득세 과세 여부가 달라진다.(⇨p.80 참조)

0— KEY POINT

☑ 주택 수에 따른 전월세 과세 ☑ 연 2,000만 원 초과 여부

11

3주택 이상이라도 임대보증금에 대해
소득세를 내지 않는 주택이 있다

김막둥 씨는 소유한 4주택 중 3주택을 월세 300만 원과 보증금 5억 원에 임대를 주고 있다. 보증금에 대해서도 임대소득세를 내야 한다고 해서 세무사에게 자신의 주택의 보증금도 모두 임대소득세를 내야 하는 대상인지 물어보았다. 세무사는 전용면적 $40\,m^2$ 이하이고 공시가격 2억 원 이하인 주택을 제외한 주택이 3채이므로 3채의 보증금(4억 원)에 대해 간주임대료를 계산해서 임대소득세를 내야 한다고 알려주었다.

핵심개념

전용면적과 기준시가(공시가격)에 따라 보증금의 과세 여부가 다르다.

3주택 이상자라도 '전용면적 $40\,m^2$ 이하이고 공시가격 2억 원 이하'

인 주택을 제외한 주택이 3주택 이상인 경우에 한해 보증금에 대해 간주임대료를 계산한다.

[그림 3-4] 보증금의 과세 여부 판단

'전용면적 40㎡ 이하, 공시가격 2억 원 이하'인 주택을 제외한 주택 수가 3채 이상인가?	➡ 아니오	보증금 비과세

⬇ 예

해당 주택들의 보증금 합계액이 3억 원을 초과하는가?	➡ 아니오	보증금 비과세

⬇ 예

3억 원을 초과하는 보증금에 대해 간주임대료 계산

'전용면적 $40\,m^2$ 이하이고 공시가격 2억 원 이하'인 주택을 제외한 주택이 3주택 이상이더라도 해당 주택들의 보증금 합계액이 3억 원을 초과하는 금액에 대해서만 간주임대료를 다음과 같이 계산한다.

> 보증금 간주임대료
> =(보증금 합계−3억 원)×적수×60%×1/365×정기예금이자율(2.1%)

사례분석

보증금에 대한 간주임대료가 많지 않을 수도 있다.

막둥 씨의 임대주택 중 전용면적 $40\,m^2$ 이하이고 공시가격 2억 원 이하인 주택의 보증금 1억 원을 제외한 주택들의 보증금 4억 원 중 3억 원을 초과하는 1억 원이 임대소득세 과세 대상 보증금이다. 1억 원에 대해 간주임대료를 계산하면 126만 원이다.

보증금 합계액이 18억 8,730만 1,852원을 초과하면 연 수입금액 2,000만 원을 초과한다.

월세 없이 보증금만 받는다고 할 때, 보증금의 합계액이 18억 8,730만 1,852원을 초과하면 연 임대수입금액은 연 2,000만 원을 초과해 다른 소득과 합산해 소득세를 계산한다.

KEY POINT

☑ 전용면적 40㎡, 공시가격 2억 원 이하, 3억 원 초과 보증금 과세

12

연 임대수입 2,000만 원 이하:
임대등록과 타 소득에 따라 소득세가 다르다

김막둥 씨는 Ⓐ, Ⓑ, Ⓒ, Ⓓ 4주택을 보유하고 있고 Ⓐ, Ⓑ, Ⓒ주택은
다음과 같이 임대하고 있다.

주택	전용면적	공시가격	비고
Ⓐ	40㎡	2억 원	월세 50만 원/보증금 1억 원에 임대
Ⓑ	60㎡	2억 원	월세 50만 원/보증금 1억 원에 임대
Ⓒ	60㎡	2억 원	월세 50만 원/보증금 2억 원에 임대
Ⓓ	80㎡	6억 원	거주주택

막둥 씨는 직장인으로 연봉 5,000만 원을 받고 있어 근로소득과
합산돼 임대소득세를 많이 내야 할까 봐 걱정이 되었다. 세무사에
게 소득세가 얼마인지 물어보았더니 연 임대수입이 2,000만 원 이

82

하로 근로소득과 합산하지 않고 소득세(지방소득세 포함)는 146만 9,160원을 내면 되니까 걱정하지 말라고 했다.

핵심개념

임대등록 여부와 임대 외 소득금액 여부에 따라 세금 차이가 발생한다.

[그림 3-5]처럼 연 임대수입이 2,000만 원 이하일 경우, 월세와 간주임대료에서 필요경비와 기본공제를 차감한 금액에 14%를 곱해 소득세를 산출한다. 그런데 필요경비와 기본공제액은 타 소득금액(임대 외 소득금액)과 임대등록 여부에 따라 [그림 3-5]처럼 달리 적용한다. 타 소득금액이 2,000만 원 이하인데 임대등록하면 400만 원, 임대등록을 하지 않으면 200만 원을 적용한다. 그런데 2,000만 원을 초과하면 기본공제액은 0원이다. 필요경비의 경우 임대등록을 하면 60%를 공제하지만 임대등록을 하지 않으면 50%를 공제한다.

[그림 3-5] 연 임대수입 2,000만 원 이하 시 소득세 계산

타 소득	임대 미등록 시		임대등록 시	
	2,000만 원 이하	2,000만 원 초과	2,000만 원 이하	2,000만 원 초과
총수입금액	월세+ 간주임대료	월세+ 간주임대료	월세+ 간주임대료	월세+ 간주임대료
− 필요경비	총수입금액×50%	총수입금액×50%	총수입금액×60%	총수입금액×60%
− 기본공제	200만 원	0원	400만 원	0원
과세표준				
× 14%				
산출세액				

사례분석

연 임대수입 2,000만 원 이하라도 임대등록하면 소득세가 절세된다.

보증금에 대한 간주임대료 과세 대상주택 수에서 Ⓐ를 제외하고 판단해도 3주택 이상이다. Ⓐ를 제외한 Ⓑ와 Ⓒ의 보증금 합계액이 3억 원이므로 간주임대료는 0원이고 연 임대수입은 1,800만 원(=50만 원×12개월×3채)이다. 임대등록을 하지 않았으므로 필요경비는 900만 원(1,800만 원×50%)이고 타 소득금액이 2,000만 원을 초과하므로 기본공제는 0원이다. 과세표준은 900만 원(=1,800만 원-900만 원)이며 소득세액은 126만 원이다. 추가로 소득세의 10%인 12만 6,000원을 지방소득세로 납부해야 한다.

0━ KEY POINT

☑ 임대등록 시 필요경비율 60%와 공제액 400만 원

13

연 임대수입 2,000만 원 초과: 타 소득과 합산해 소득세가 증가할 수 있다

김막둥 씨는 Ⓐ, Ⓑ, Ⓒ, Ⓓ 4주택을 보유하고 있고 Ⓐ, Ⓑ, Ⓒ주택은 다음과 같이 임대하고 있다. 세무사에게 소득세가 얼마인지 물어보 았더니 연 임대수입이 2,000만 원을 초과해 다른 소득과 합산해서 소득세를 계산해야 한다고 한다. 다른 소득이 없다고 하니 소득세 (지방소득세 포함)는 393만 6,240원을 내야 한단다.

주택	전용면적	공시가격	비고
Ⓐ	60㎡	2억 원	월세 50만 원/보증금 1억 원에 임대
Ⓑ	60㎡	3억 원	월세 100만 원/보증금 2억 원에 임대
Ⓒ	60㎡	4억 원	월세 150만 원/보증금 2억 원에 임대
Ⓓ	80㎡	6억 원	거주주택

핵심개념

연 임대수입이 2,000만 원을 초과하면 수입금액별 비용 적용방법을 익히자.

[그림 3-6]에서 보듯이 연 임대수입이 2,000만 원을 초과하면 월세와 간주임대료에서 필요경비를 차감한 소득에 다른 소득금액(근로소득금액 등)을 합산한 후 공제액 등을 차감한 금액에 세율(6~42%)을 누진 적용해 소득세를 산출한다. 이 산식에서 필요경비 계산은 직전연도 수입금액에 따라 달라진다. 직전연도 수입금액이 7,500만 원 이상이면 실제 발생한 비용으로 해야 한다. 그러나 그 이하이면 실제 비용이 아닌 수입금액에 국세청에서 정한 일정 비율로 계산한 금액을 비용으로 할 수 있다. 이것이 추계_{추정해 계산한다는 의미}과세다. 이때 직전연도 수입금액이 2,400만 원 이상이면 기준경비율, 2,400만 원 미만이면 단순경비율을 적용한다. 기준경비율과 단순경비율은 매년 국세청에서 정하는 비율로 부동산별로 다르다.

[그림 3-6] 연 임대수입 2,000만 원 초과 시 소득세 계산

	구분	단순경비율 (전년수입 2,400만 원 이하)	기준경비율 (전년수입 2,400만 원 이상)	실제 경비 (전년수입 7,500만 원 이상)
	총수입금액	월세+간주임대료	월세+간주임대료	월세+간주임대료
−	필요경비	총수입금액× 단순경비율	총수입금액× 기준경비율+주요경비	실제 경비
+	타 소득	근로소득 등	근로소득 등	근로소득 등
−	공제액	부양가족 공제 등	부양가족 공제 등	부양가족 공제 등
	과세표준			
×	세율			
	산출세액			

사례분석

타 소득과 합산해 과세하므로 세금 부담이 클 수 있다.

보증금에 대한 간주임대료 과세 대상주택 수는 3주택 이상이므로 Ⓐ, Ⓑ, Ⓒ의 보증금 합계액 5억 원 중 2억 원에 대해 간주임대료는 252만 원이고 연 임대수입은 3,852만 원(=300만 원×12개월×3채+252만 원)이다. 기준경비율 적용대상이므로 기준경비율을 적용하면 소득세(지방소득세 포함)는 427만 2,000원이지만, 실제 비용으로 신고하면 기장소득세액공제 20%를 적용받아 소득세(지방소득세 포함)는 393만 6,240원이다.

0— KEY POINT

☑ 2,000만 원 초과 시 다른 소득과 합산과세

4장

보유세 부담을 견디기 위한
고도의 절세전략

01

2주택 이상자:
절세책 마련하지 않으면 보유세 폭탄 맞는다

김막둥 씨와 절친인 최장남 씨는 보유세가 대폭 오른다는 뉴스로 걱정이다. 막둥 씨는 2018년 공시가격 6억 원인 주택 2채 모두 조정대상지역에 소유하고 있고, 2018년 재산세(지방교육세+도시지역분재산세 포함)와 종합부동산세(농어촌특별세 포함)는 483만 6,670원을 냈다. 장남 씨는 2018년 공시가격 6억 원인 주택 3채를 소유하고 있고, 2018년 재산세(지방교육세+도시지역분재산세 포함)와 종합부동산세(농어촌특별세 포함)는 944만 7,270원을 냈다. 2019년 공시가격이 2018년보다 20% 정도 오르면 보유세는 얼마나 오를지 세무사에게 의뢰했다. 결과를 듣고 막둥 씨와 장남 씨는 한동안 입을 다물지 못했다. 막둥 씨는 2019년 886만 6,940원, 2022년에는 1,110만 8,910원을 내야 하고, 장남 씨는 2019년 2,048만 6,520원, 2022년에는 2,505만 3,460원을 내야 하기 때문이다.

핵심개념

소유주택별 매년 보유세를 예측하고 절세책을 마련하라.

종합부동산세 세율이 0.5~2%에서 주택 수 등에 따라 0.5~2.7% 또
는 0.6~3.2%로 상승하고 2019~2022년까지 공시가격의 적용비율
도 매년 5%씩 상승함에 따라 종합부동산세 상승 폭은 상당히 클
것이다. 공시가격의 시세 대비 반영률도 적지 않게 상승할 것이기에
재산세와 종합부동산세 상승 폭은 훨씬 클 것이다. 따라서 2주택
이상자는 적극적으로 절세책을 마련하지 않으면 보유세 부담을 견
디기 어려울 것이다. 보유세 절세 방안은 크게 3가지다. 증여, 매각,
임대등록이다. 각각의 절세방법별로 장단점이 있으니 사전에 실익
을 분석하고 실행에 옮길 필요가 있다.

사례분석

공시가격이 상승하면 보유세는 훨씬 더 증가한다.

2019년 공시가격이 2018년 대비 20% 상승하면 막둥 씨와 장남씨
의 2022년 이후 보유세는 3배 가까이 상승한다.

구분	막둥 씨	장남 씨
2018년	483만 6,670원	944만 7,270원
2019년	886만 6,940원	2,048만 6,520원
2022년	1,110만 8,910원	2,505만 3,460원

02
1주택 단독명의자:
종합부동산세 절세를 위해 증여하면 손해다

김막둥 씨는 Ⓐ단독주택을 단독명의로 소유하고 있다. Ⓐ의 2018년 공시가격은 12억 원이고 종합부동산세(농어촌특별세 포함)는 74만 8,800원을 냈다. 2019년 공시가격이 15억 원으로 공시되면 종합부동산세가 늘까 봐 걱정이다. 세무사에게 Ⓐ의 50%를 아내에게 증여하면 2019~2022년까지 종합부동산세(농어촌특별세 포함) 절세는 얼마인지 문의했다. 세무사는 "종합부동산세 절세액은 2019년 112만 3,200원, 2020년 162만 7,780원, 2021년 175만 8,200원, 2022년 188만 8,620원이고 5년간 828만 6,420원을 절세할 수 있어"라고 알려주었다. 막둥 씨는 "증여세도 없으니 증여하는 게 낫겠네?"라고 하자 세무사는 "10년간 6억 원 이내까지 증여세는 없어. 그런데 취득세 등으로 2,400만 원을 내야 해. 상황에 따라 양도세도 불리할 수 있고."

핵심개념

종합부동산세 감면 대상이라면 증여로 손해 볼 수도 있다.

통상적으로 1주택자는 단독명의보다 공동명의일 때 종합부동산세가 훨씬 적다. 그렇다면 단독명의자가 일정 지분을 증여하면 어떻게될까? 결론은 종합부동산세 감면 대상 여부와 감면율에 따라 다르다. [표 4-1]에서처럼 공시가격 30억 원인 주택을 70세 이상인 자가단독명의로 10년 소유하고 있다면 종합부동산세는 70%를 감면받아 617만 7,600원만 내면 된다. 만약 이 주택의 50%를 증여하면 종합부동산세는 1,010만 6,180원으로 오히려 증가한다.

[표 4-1] 단독명의와 공동명의(2022년) 종합부동산세 비교

구분	1주택 단독명의 종합부동산세		1주택 공동명의 시(2명 합산) 종합부동산세
공시가격	감면 없는 경우	70% 감면 시	
9억 원	0원	0원	0원
10억 원	31만 2,000원	9만 3,600원	0원
12억 원	93만 6,000원	28만 800원	0원
15억 원	259만 2,000원	77만 7,600원	70만 3,380원
20억 원	715만 2,000원	214만 5,600원	256만 5,960원
25억 원	1,363만 2,000원	408만 9,600원	559만 8,360원
30억 원	2,059만 2,000원	617만 7,600원	1,010만 6,180원

사례분석

이미 단독명의로 매입했다면 증여는 신중하게 결정하라.

단독명의일 경우 종합부동산세는 2019년 160만 9,200원, 2020년 226만 800원, 2021년 242만 6,400원, 2022년 259만 2,000원으로

공동명의 시 부부합산 종합부동산세 2019년 48만 6,000원, 2020년 63만 3,020원, 2021년 68만 8,200원, 2022년 70만 3,380원보다 4년 간 총 639만 7,800원 더 부담해야 한다. 10년간 약 1,800만 원 더 내 게 된다. 그렇다고 단독명의에서 배우자에게 증여를 하면 취득세 등 과 증여세 등이 발생할 수 있어 종합부동산세 절세효과가 없을 수 도 있다. 만약 1주택 단독명의자로 종합부동산세 감면 대상이라면 오히려 손해가 될 수 있다.

[표 4-2] Ⓐ주택의 종합부동산세 변화

구분	2019년	2020년	2021년	2022년
단독명의	160만 9,200원	226만 800원	242만 6,400원	259만 2,000원
50% 증여 시	48만 6,000원	63만 3,020원	68만 8,200원	70만 3,380원
증여 시 절세	112만 3,200원	162만 7,780원	175만 8,200원	188만 8,620원

예를 들어 사례에서 2019년 209만 5,200원의 종합부동산세의 70%를 감면받는다면 2022년 이후 77만 7,600원만 내면 된다. 증여 를 하면 70만 3,380원으로 매년 7만 4,220원 절세되지만 취득세 등 과 증여세 등을 고려하면 단기적으로 오히려 손해다. 장기적으로 상속세나 처분 시 발생하는 양도세 등을 종합해서 증여 여부를 결 정해야 실수를 방지할 수 있다.

03
2주택 이상자: 배우자 증여로
종합부동산세·양도세·상속세·임대소득세
절세하라

김막둥 씨는 2018년 공시가격 4억 원, 5억 원, 6억 원인 Ⓐ, Ⓑ, Ⓒ
3채의 소유자다. 3년 전에 매입한 주택이다. 2018년 종합부동산세
(농어촌특별세 포함)는 342만 3,260원이었는데, 2019년 공시가격이
2018년 대비 20% 상승하면 종합부동산세는 급증하고 소득으로 버
거울 것 같다. 고민 끝에 세무사에게 시세 6억 원인 Ⓐ를 아내에게
증여하면 절세되는지 문의했다. 세무사는 "취득세 등으로 1,600만
원 정도 들지만 2019~2022년까지 총 2,519만 6,790원의 종합부동산
세 절세가 가능해. 10년간 약 6,600만 원 절세할 수 있어"라고 했다.

핵심개념

가급적이면 배우자에게 6억 원 이내에서 단순증여하라.

증여방법은 담보대출이나 전세금을 승계하는 부담부증여, 대출을 승계하지 않는 단순증여가 있다. 단순증여가 낫다. 부담부증여는 양도세가 2주택 중과세 또는 3주택 중과세로 만만치 않을 수 있다. 배우자에게 6억 원(10년 합산금액) 이내로 단순증여하면 증여세·양도세는 없고 취득세만 공시가격의 3.8% 또는 4%로 납부한다.

사례분석

종합부동산세 절세액과 증여로 인한 세금과 비용을 고려하라.

공시가격 4억 원인 주택을 배우자에게 증여하면 2019~2022년까지 총 2,519만 6,790원의 종합부동산세 절세가 가능하다. 10년간 약 6,600만 원을 절세할 수 있다. 나중에 상속세를 절세하는 효과도 얻을 수 있다. 취득세 등은 1,520만 원(공시가격의 3.8% 또는 4%)이 발생하며, 증여세는 0원이다. 시세변동이 없다고 가정할 때 증여 후 5년이 지나 6억 원에 매도하면 취득가액이 6억 원이므로 양도차익이 없어 양도세는 0원으로 양도세 절세효과가 있다. 상황에 따라 임대소득을 분산하는 효과가 있어 소득세 절세효과도 있다. 다만, 임대소득세와 건강보험료가 매년 얼마나 발생하는지 사전에 검토하고 증여로 인한 실익을 꼭 계산한 다음 실행한다.

[표 4-3] Ⓐ주택의 증여 전후 종합부동산세 변화

구분	2019년	2020년	2021년	2022년
증여 전 종합부동산세	1,021만 930원	1,095만 2,720원	1,178만 1,200원	1,260만 9,690원
증여 후 종합부동산세	438만 9,240원	483만 4,260원	532만 2,840원	581만 1,410원
증여 시 절세	582만 1,690원	611만 8,460원	645만 8,360원	679만 8,280원

04
자녀 증여로
종합부동산세·양도세·상속세 절세하라

김막둥 씨는 2019년 4월 현재 만 65세인데 2018년 공시가격 2억 원 Ⓐ주택과 15억 원인 Ⓑ주택 2채를 소유하고 있다. 2018년에 종합부동산세(농어촌특별세 포함)는 342만 3,260원을 냈다. 2019년의 공시가격이 2018년 대비 20% 상승하면 종합부동산세는 급증하고 소득이 없는 막둥 씨로서는 감당할 수 없을 것 같다. 아내에게 Ⓐ주택을 증여하면 종합부동산세를 절세할 수 있다는 얘기를 듣고 실행에 옮기려다 늘 자문해주던 세무사가 따로 살고 있는 장남에게 Ⓐ주택을 증여하면 종합부동산세 절세와 양도세 절세효과도 얻을 수 있어 아내에게 증여하는 것보다 낫다고 조언을 해주었다. 막둥 씨는 아내보다 자녀에게 증여하면 왜 종합부동산세 절세가 더 큰지 이해가 되지 않았다.

핵심개념

2주택 중 1채를 증여한 후 남은 주택에 대해 종합부동산세를 감면받을 수 있다면 자녀에게 증여하는 게 절세액이 크다.

자녀에게 증여 또는 매각해도 배우자 증여와 동일하게 종합부동산세가 줄어든다. 그런데 자녀에게 증여 또는 매각하면 배우자에게 증여할 때보다 종합부동산세가 더 절세되는 경우도 있다. 2주택 중 1채를 증여해 남은 주택에 대해 종합부동산세를 감면받을 수 있는 경우다. 단, 자녀는 부모와 따로 살고 있어야 한다. 배우자에게 증여하는 경우, 동일세대원이므로 1세대 1주택 종합부동산세를 감면받을 수 없다.

2주택자로 1채 증여 시 종합부동산세를 감면받을 수 있는 경우	소유자 나이 60세 이상 또는 보유기간 5년 이상

사례분석

자녀 증여 후 양도세 절세까지 가능하다면 가장 효과적이다.

[표 4-4]에서 보듯이 공시가격 2억 원인 주택을 배우자에게 증여할 때보다 자녀에게 증여할 때의 종합부동산세가 훨씬 적다. 막둥씨가 Ⓐ주택을 배우자에게 증여하면 공시가격 2억 원에 대한 종합부동산세가 줄어든다. 하지만 자녀에게 증여하면 배우자에게 증여했을 때 줄어드는 종합부동산세 효과(공시가격 2억 원에 대한 종합부동산세 절세)뿐 아니라 Ⓑ주택의 종합부동산세 절세효과도 누릴 수 있다. Ⓑ주택의 종합부동산세 절세효과는 1세대 1주택 단독명의로

[표 4-4] Ⓐ주택의 종합부동산세 변화

구분	2019년	2020년	2021년	2022년
단독명의	1,052만 7,030원	1,346만 380원	1,482만 8,190원	1,619만 5,980원
배우자 증여 시	482만 7,600원	696만 9,600원	751만 6,800원	806만 4,000원
자녀 증여 시	163만 8,720원	180만 2,880원	196만 7,040원	213만 1,200원

전환하면서 공시가격 9억 원을 초과하는 금액에 대해서만 종합부동산세를 계산하고 종합부동산세 감면도 70%(연령 20%, 보유기간 50%)를 적용받을 수 있기 때문에 발생한다. 만약 자녀가 증여받은 후 양도세 비과세로 처분할 수 있다면 양도세 절세도 얻을 수 있어 훨씬 효과적일 수 있다. 상속세 절세효과는 덤이다. 단, 자녀에게 증여할 때 취득세, 증여세 등을 비교할 필요가 있다.

임대등록,
재산세와 종합부동산세 절세가 크다

김막둥 씨는 Ⓐ, Ⓑ, Ⓒ를 모두 3년 전에 취득해 소유하고 있는 3주택자로 2018년에 종합부동산세(농어촌특별세 포함)는 600만 1,960원을 납부했다. 뉴스에서 연일 보유세를 절세하려면 임대주택으로 등록해야 한다고 해서 절세효과가 있으면 Ⓐ와 Ⓑ주택을 임대등록 할 생각이다.

주택	공시가격(2018)	전용면적	비고
Ⓐ	3억 원	60㎡	–
Ⓑ	5억 원	84㎡	–
Ⓒ	6억 원	84㎡	거주

세무사에게 Ⓐ와 Ⓑ주택을 임대등록하면 보유세 절세효과가 얼마인

지 부탁했다. 세무사가 "단기민간임대주택으로 등록하면 2019년에는 303만 5,990원, 2022년에는 399만 9,000원을 절세할 수 있어. 장기일반민간임대주택으로 등록하면 절세액은 훨씬 커. 2019년에는 623만 8,340원, 2022년에는 790만 1,470원을 절세할 수 있어"라고 했다. 막둥 씨가 "2022년 이후에는 매년 약 800만 원씩 절세가 가능하단 말이야?"라고 묻자, 친구는 "응, 맞아"라고 했다.

핵심개념

임대등록유형별 재산세와 종합부동산세 절세혜택이 다르다.

① **전용면적 85㎡ 이하 공동주택 또는 오피스텔 2채 이상: 단기민간임대등록 시 재산세를 25~50% 감면받을 수 있다.**

공동주택(아파트/연립주택/다세대주택)과 오피스텔을 매입 또는 건축해 과세기준일(6월 1일) 현재 임대목적에 2채 이상 직접 사용하는 경우, 전용면적에 따라 [표 4-5]와 같이 재산세를 2021년 12월 31일까지 감면한다. 단기민간임대주택으로 등록해서 재산세 감면을 받으면 종합부동산세 계산 시 재산세 감면분에 대한 공시가격이 차감되어 종합부동산세도 줄어든다.

[표 4-5] 공동주택 또는 오피스텔 단기민간임대 시 재산세 감면

전용면적	임대의무기간	임대호수	재산세 감면	비고
60㎡ 이하	4년 이상	2세대 이상	50% 감면	지방교육세, 도시지역분재산세 감면
60㎡ 초과 85㎡ 이하	4년 이상	2세대 이상	25% 감면	지방교육세 감면

② 공동주택 2채 이상 또는 오피스텔 2채 이상: 장기일반민간임대등록 시 50~100% 감면받을 수 있다.

공동주택(아파트/연립주택/다세대주택) 2채 이상 또는 오피스텔 2채 이상을 매입 또는 건축해 과세기준일(6월 1일) 현재 장기일반민간임대주택으로 직접 사용하면 전용면적에 따라 [표 4-6]과 같이 재산세를 2021년 12월 31일까지 50~100% 감면한다.

[표 4-6] 공동주택 2채 이상 또는 오피스텔 2채 이상 장기일반민간임대 시 재산세 감면

전용면적	임대의무기간	임대호수	재산세 감면	비고
40㎡ 이하	8년 이상	2세대 이상	100% 감면 (단, 재산세액이 50만 원 초과 시 85% 감면)	지방교육세, 도시지역분재산세 감면
40㎡ 초과 60㎡ 이하	8년 이상	2세대 이상	75% 감면	
60㎡ 초과 85㎡ 이하	8년 이상	2세대 이상	50% 감면	지방교육세 감면

[표 4-7] 종합부동산세 합산배제 판단 기준

소재지역	기준시가	취득 시기	조정대상지역 여부	종합부동산세 합산배제 여부
수도권	6억 원 이하	2018년 9월 13일 이전 취득	–	합산배제
		2018년 9월 14일 이후 취득	조정대상지역(×)	합산배제
			조정대상지역(○)	합산과세
	6억 원 초과	–	–	합산과세
수도권 외 지역	3억 원 이하	2018년 9월 13일 이전 취득	–	합산배제
		2018년 9월 14일 이후 취득	조정대상지역(×)	합산배제
			조정대상지역(○)	합산과세
	3억 원 초과	–	–	합산과세

③ 기준시가 6억 원(수도권 외 지역 3억 원) 이하, 2018년 9월 13일 이전 취득 또는 2018년 9월 14일 이후 취득, 조정대상지역이 아닌 경우: 종합부동산세 합산배제를 적용받을 수 있다.

2018년 9월 13일 이전에 취득한 주택인 경우 수도권(서울/경기도/인천)은 기준시가 6억 원, 수도권 외는 기준시가 3억 원 이하이면 장기일반임대주택으로 등록 시 종합부동산세를 합산배제 한다. 단, 2018년 9월 13일 이전에 매매계약을 하고 계약금을 지급해 취득한 주택도 2018년 9월 13일 이전에 취득한 주택으로 본다.

사례분석

장기일반민간임대주택의 절세효과가 가장 크다.

[표 4-8]에서 보듯이 Ⓐ와 Ⓑ를 임대등록하지 않을 때와 단기민간임대주택으로 등록할 때 및 장기일반민간임대주택으로 등록할 때, 각각의 재산세(지방교육세+도시지역분재산세 포함)와 종합부동산세(농어촌특별세 포함)를 비교해보면 장기일반민간임대주택으로 등록했을 때 총 세금이 가장 적다.

[표 4-8] Ⓐ와 Ⓑ주택의 임대등록유형별 재산세와 종합부동산세 비교

구분	미등록		단기임대등록		장기일반민간임대등록	
	2019년	2022년	2019년	2022년	2019년	2022년
재산세 등	315만 6,000원	315만 6,000원	269만 7,000원	269만 7,000원	238만 2,000원	238만 2,000원
종합부동산세 등	546만 4,340원	712만 7,000원	288만 7,350원	358만 7,470원	0원	0원
총 세금	862만 340원	1,028만 3,470원	558만 4,350원	628만 4,470원	238만 2,000원	238만 2,000원

06
임대소득세 절세하려면 상황에 맞게 증여 또는 임대등록하라

김막둥 씨는 2주택 중 전용면적 $60m^2$이고 기준시가 6억 원인 Ⓐ주택을 월 150만 원에 임대하고 있다. 막둥 씨는 연봉 1억 원을 받는 직장인이다. Ⓐ주택 임대는 연 2,000만 원 이하로 근로소득과 합산하지 않고 세율 15.4%(지방소득세 포함 세율)로 과세하며, 임대소득세는 138만 6,000원(지방소득세 포함)을 내면 된다고 세무사가 말해주었다. 그런데 막둥 씨는 소득세 138만 6,000원도 절세하고 싶어서 소득이 없는 아내에게 증여하면 어떤지 물어보았다. 그랬더니 세무사는 "아내에게 증여하면 매년 30만 8,000원의 소득세를 절세할수 있어! 그런데 건강보험료를 내야 하고, 연말정산 시 배우자 공제를 받지 못해서 절세액보다 손실이 더 클 수 있어! 또한 시세로 증여를 하면 증여세와 취득세 등의 비용이 추가로 발생해"라고 했다.

"그럼 절세방법은 없어?"라고 막둥 씨가 묻자 세무사는 "임대등록을 하면 매년 110만 8,800원 절세가 가능해"라고 했다. 막둥 씨는 "그렇게나 많아?" 하며 놀란 표정을 지을 수밖에 없었다.

핵심개념

기준시가 6억 원 이하, 전용면적 85㎡ 이하인 주택을 임대등록하면 소득세와 건강보험료 감면혜택을 받을 수 있다.

연 임대수입이 2,000만 원 이하이면 기준시가 6억 원 이하이고 전용면적 $85m^2$ 이하인 주택을 장기일반민간임대등록하면 소득세 75%와 건강보험료 80%, 단기민간임대주택으로 등록하면 소득세 30%와 건강보험료 40%를 감면받는다. 임대등록 시 수입금액의 60%를 필요경비로 공제받고 추가로 400만 원을 공제받을 수 있다. 기준시가 6억 원을 초과하거나 전용면적 $85m^2$ 초과하는 주택을 임대등록하면 소득세 감면은 받지 못하지만 건강보험료 40% 또는 80% 감면과 소득세 계산 시 수입금액의 60%를 필요경비로 공제받을 수 있다.

[표 4-9] 임대등록 시 소득세와 건강보험료 혜택

면적	기준시가	연 임대수입	소득세	건강보험료
85㎡ 이하	6억 원 이하	2,000만 원 이하	필요경비 60% 공제 소득세 감면 75% (또는 30%)	80%(단기임대: 40%) 감면
		2,000만 원 초과	소득세 감면 75% (또는 30%)	–
85㎡ 초과 또는 기준시가 6억 원 초과		2,000만 원 이하	필요경비 60% 공제	80%(단기임대: 40%) 감면
		2,000만 원 초과	–	–

사례분석

증여와 임대등록 중 자신의 상황에 맞게 선택한다.

Ⓐ를 임대하면 연 1,800만 원의 임대수입이 발생한다. 연 2,000만 원 이하이므로 근로소득과 합산하지 않고 소득세 138만 6,000원을 내면 된다. Ⓐ를 아내에게 증여하면 배우자는 107만 8,000원의 소득세를 내게 된다. 매년 30만 8,000원을 절세할 수 있지만 손해가 된다. 이유는 배우자는 소득이 발생함으로 인해 건강보험료를 부담해야 하고, 매년 막둥 씨의 연말정산 시 배우자 공제를 받지 못해 39만 6,000원의 손해를 감수해야 하며, 그 외 배우자의 신용카드와 의료비 등의 공제도 제외돼 손실되는 금액이 공동명의로 절세한 매년 30만 8,000원보다 더 많기 때문이다. 시세가 6억 원을 초과할 경우에는 증여세와 취득세 등의 소유권이전비용도 내야 한다.

장기일반민간임대등록을 하면 소득세는 27만 7,200원으로 매년 110만 8,800원을 절세할 수 있다. 건강보험료도 증가하지 않는다. 증여로 인한 취득세와 증여세 등의 문제도 발생하지 않는다. 여기까지만 보면 장기일반민간임대주택등록이 증여보다 유리한 것처럼 보인다. 그러나 처분 시 양도세 절세효과와 상속세 절세효과까지 감안해야 임대등록과 증여 중 어느 것이 유리한지 알 수 있다.

3부

—

주택
양도세

5장

주택 양도세
계산하기

01
양도세 계산은
절세 변수 조절이 관건이다

김막둥 씨는 3년 전에 2주택을 취득했다. 조정대상지역이 아닌 지역에 소재하는 Ⓐ주택을 매도하려고 한다. Ⓐ주택은 3년 전에 4억 원에 취득했고 지금 6억 2,000만 원에 매도하면 양도세를 얼마나 내야 하는지 세무사에게 물었다. 세무사는 취득세·중개수수료·공사비용 등이 얼마인지, 영수증이 있는지 등을 막둥 씨에게 추가로 질문했다. 막둥 씨는 취득세와 중개수수료 등 2,000만 원, 벽지와 가구 등 인테리어비용 3,000만 원이 들었다고 답했다. 세무사는 "가구와 벽지 등의 인테리어비용 3,000만 원은 양도세 계산 시 비용으로 인정받지 못해. 양도세 5,109만 원과 지방소득세 510만 9,000원을 합쳐 총 5,619만 9,000원을 내야 해"라고 답해주었다.

핵심개념

양도차익과 장기보유특별공제액, 세율 적용만 알면 양도세 계산 끝!

양도세는 먼저 판 가격에서 산 가격과 각종 비용을 차감해 양도차익을 계산한다. 그다음 보유기간에 따른 장기보유특별공제액과 기본공제액을 계산한 후 양도차익에서 공제액의 합계액을 차감한 금액에 세율을 곱하면 양도세액(산출세액)이 산출된다. 양도세액의 10%에 상당하는 지방소득세를 추가로 내야 한다. 만약 양도세를 감면받는 주택이면 감면받은 양도세를 산출세액에서 차감한다. 감면세액의 20%는 농어촌특별세로 납부한다.

[그림 5-1] 양도세 계산구조

계산순서	계산식	금액	알아야 할 것
양도차익 계산	매도가격 −취득가격 −필요경비 **=양도차익**	6억 2,000만 원 4억 원 2,000만 원 **2억 원**	실제 판 가격 실제 산 가격 중개수수료와 취득세 등 및 공사비용 등
공제액 계산	장기보유특별공제 기본공제 **공제액**	1,200만 원 250만 원 **1,450만 원**	3년 이상 보유 시 공제 공제율은 0%, 연 2%, 연 8% 등 기본공제: 1인당 연 250만 원
양도세액 계산	(양도차익−공제액) ×세율 **양도세액**	(2억 원−1,450만 원) ×(6~42%) **5,109만 원**	세율: 보유기간과 주택 수 등에 따라 다름
감면세액	**감면세액**	0원	감면세액: 특정주택 등 양도세 감면
최종 납부 세금	총 세금	5,619만 9,000원	양도세의 10%에 상당하는 지방소득세 추가 납부

사례분석

장기보유특별공제액=양도차익×장기보유특별공제율

양도세액=(양도차익−공제액)×세율

매도가격 6억 2,000만 원에서 취득가격 4억 원과 필요경비 2,000만 원을 차감하면 양도차익이 산출된다. 인테리어비용 3,000만 원은 비용으로 인정받지 못한다. 장기보유특별공제액 1,200만 원은 양도차익 2억 원에서 장기보유특별공제율 6%를 곱하면 된다. 양도세액 5,109만 9,000원은 양도차익에서 공제액을 차감한 금액(1억 8,550만 원)에 세율을 곱해 계산한다.

세율 적용과 양도세액 계산 요령이 있다.

세율은 보유기간에 따라 다르다. 사례처럼 보유기간이 1년 이상이고 중과세 대상이 아니면 '양도차익−공제액(1억 8,550만 원)'을 [표 5-1]과 같이 구분하고 해당 세율을 곱해 산출한다.

[표 5-1] Ⓐ주택의 양도세

보유기간	양도차익−공제액	1억 8,550만 원	세율	양도세액
1년 이상	1,200만 원 이하	1,200만 원	6%	72만 원
	1,200만 원 초과~4,600만 원 이하	3,400만 원	15%	510만 원
	4,600만 원 초과~8,800만 원 이하	4,200만 원	24%	1,008만 원
	8,800만 원 초과~1억 5,000만 원 이하	6,200만 원	35%	2,170만 원
	1억 5,000만 원 초과~3억 원 이하	3,550만 원	38%	1,349만 원
	3억 원 초과~5억 원 이하	–	40%	–
	5억 원 초과	–	42%	–
합계				5,109만 원

'양도차익-공제액(1억 8,550만 원)'에 대한 양도세액 5,109만 9,000원을 빠르게 계산하려면 '양도차익-공제액(1억 8,550만 원)'에 해당하는 세율을 곱한 후 해당 누진공제액을 차감하면 된다.

> 속산법에 의한 양도세=1억 8,550만 원×38%-1,940만 원=5,109만 원

보유기간	양도차익-공제액	세율	누진공제액
1년 이상	1,200만 원 이하	6%	0원
	1,200만 원 초과~4,600만 원 이하	15%	108만 원
	4,600만 원 초과~8,800만 원 이하	24%	522만 원
	8,800만 원 초과~1억 5,000만 원 이하	35%	1,490만 원
	1억 5,000만 원 초과~3억 원 이하	38%	1,940만 원
	3억 원 초과~5억 원 이하	40%	2,540만 원
	5억 원 초과	42%	3,540만 원

필요경비는 증빙자료가 있어야 비용으로 인정받는다.

필요경비는 사고팔기까지 실제 지출한 비용으로 [표 5-2]와 같이 세법상 인정되는 항목 중 증빙자료에 의해 입증되는 항목들에 한해

[표 5-2] 세법상 인정되는 필요경비 항목

취득 시 비용	취득세, 교육세, 농어촌특별세, 중개수수료, 법무사 수수료, 인지대, 국민주택채권할인비용(매각차손) 등
수선비용	발코니·섀시 설치비, 난방시설 교체비용, 개량, 확장, 증설 등 자산의 내용연수를 연장시키거나 당해 자산의 가치를 증가시키기 위해 지출한 수선비
양도 시 비용	중개수수료, 세무사 양도세 신고수수료

차감함에 주의한다. 벽지·장판, 싱크대나 주방설치비용과 외벽도색 비용, 인테리어비용 등은 필요경비에 포함되지 않는다.

KEY POINT

☑ 양도차익 ☑ 장기보유특별공제액 ☑ 세율 적용 ☑ 필요비용

02
장기보유특별공제율은
주택마다 다르다

김막둥 씨는 2017년 5월 12일에 Ⓐ와 Ⓒ는 막둥 씨 명의로, Ⓑ는 아내 명의로 주택 3채를 취득했다. Ⓐ주택은 기준시가 6억 원 이하여서 취득과 동시에 단기임대등록을 했다. 2024년 7월에 Ⓐ→Ⓑ 순으로 매도하려고 한다. Ⓐ, Ⓑ 두 주택은 매도일에 모두 조정대상지역에 소재할 것 같다. 매도 시 세 주택의 양도차익이 모두 2억 원이라고 하면 양도세가 얼마인지 세무사에게 물어보았다.

세무사는 "Ⓐ는 4,616만 7,000원의 양도세(지방소득세 포함), Ⓑ는 8,294만 원의 양도세(지방소득세 포함)를 내야 해"라고 계산해주었다. 막둥 씨는 "양도차익이 같은데 세금 차이가 거의 2배나 나는 이유가 뭐야?"라고 물었다. 세무사는 "세율과 장기보유특별공제액의 차이 때문이야. Ⓐ는 일반세율을 적용하고 장기보유특별공제액도

3,600만 원을 공제받을 수 있어. 그런데 ⓑ는 2주택 중과세로 10% 추가세율을 적용하고 장기보유특별공제를 전혀 받지 못해. 그래서 세금 차이가 많이 난다"고 했다.

핵심개념

3년 이상 보유했다고 동일한 장기보유특별공제를 적용받지 않는다.

장기보유특별공제는 3년 이상 보유해야만 적용받을 수 있다. 다만, [표 5-3]과 같이 3년 이상 보유하더라도 주택별로 공제율은 다르다.

[표 5-3] 주택별 장기보유특별공제율 적용

구분				장기보유특별공제율
1주택	비과세 고가주택	2019년 매도		연 8%(최대 80%)
		2020년 이후 매도	2년 미만 거주	연 2%(최대 30%)
			2년 이상 거주	연 8%(최대 80%)
	과세			연 2%(최대 30%)
2주택/3주택	중과세 대상(×)			
	중과세 대상(○)			0%
단기민간 임대주택	요건충족(○)	중과세 대상 (×)	보유+임대기간 5년	10%
			보유+임대기간 6년 이상	연 2%+임대 5년 초과 1년당 2% 추가: 최대 40%
	요건충족(×)	중과세 대상(○)		0%
장기일반민간 임대주택	요건충족(○)	보유 + 임대기간	6년 이상~8년 미만	연 2%+임대 5년 초과 1년당 2%
			8년 이상~10년 미만	50%
			10년 이상	70%
	요건충족(×)			–

▶ 단기민간임대주택과 장기일반민간임대주택의 요건 충족은 5부 참조.

1주택자의 경우, 매도 시기와 2년 이상 거주 여부에 따라 장기보유특별공제율이 다르다. 2주택과 3주택 이상자의 경우, 중과세 대상 여부에 따라 장기보유특별공제율이 다르며, 단기민간임대주택과 장기일반민간임대주택은 요건 충족과 중과세 대상 여부와 보유기간 및 임대기간 여부에 따라 장기보유특별공제율이 다름에 주의한다.

사례분석

장기보유특별공제액=양도차익×장기보유특별공제율

Ⓐ주택은 단기민간임대주택으로 중과세 제외 요건을 충족했고 보유기간과 임대기간이 7년이므로 장기보유특별공제율은 18%{=14%+(임대 7년-임대 5년)×2%}다. 따라서 장기보유특별공제액은 3,600만 원(=2억 원×18%)이다. Ⓑ주택은 2주택 중과세 대상으로 장기보유특별공제액은 0원이다.

०━ KEY POINT

- ☑ 1주택자의 매도 시기와 2년 이상 거주 여부에 따른 공제율 차이
- ☑ 2주택 이상자의 중과세 여부에 따른 공제율 차이
- ☑ 임대등록 여부에 따른 공제율 차이

03
세율도
주택마다 다르다

김막둥 씨는 4주택자다. 세무사에게 Ⓐ→Ⓑ→Ⓒ주택 순으로 양도차익 2억 원을 얻고 매도하면 각 주택별 양도세가 얼마인지 문의했다.

주택	보유기간	소재지
Ⓐ	2년 보유	매도일에 조정대상지역 아닌 지역
Ⓑ	3년 보유	매도일에 조정대상지역
Ⓒ	6개월 보유	매도일에 조정대상지역
Ⓓ	3년 보유	조정대상지역

세무사는 "Ⓐ의 양도세(지방소득세 포함)는 6,121만 5,000원, Ⓑ주택은 1억 466만 5,000원(지방소득세 포함)의 양도세를, Ⓒ는 8,690만 원의 양도세를 내야 해"라고 하자 막둥 씨는 "왜 그렇게 차이가

커?"라고 물었다. 세무사는 "Ⓐ는 일반세율, Ⓑ는 3주택 중과세율, Ⓒ는 40%(3주택 중과세율과 40% 중 큰 세액이 산출되는 세율)를 적용받기 때문이야"라고 답해주었다. 막둥 씨는 왜 세율 적용이 차이가 나는지 궁금해졌다.

핵심개념

장기일반민간주택도 중과세율이 적용될 수 있다.

세율은 중과세 대상 여부와 보유기간에 따라 다르다. 원칙적으로 보유기간이 1년 미만이면 40%를 적용하지만 중과세 대상주택이라면 40%와 중과세율(10%, 20%)을 각각 적용해 산출한 양도세액 중 큰 금액을 적용한다. 단기민간임대주택과 장기일반민간임대주택은 조

[표 5-4] 주택별 세율 적용

구분		보유기간	세율
1주택		1년 미만	40%
		1년 이상	일반세율(6~42%)
2주택	중과세 대상(×)	1년 미만	40%
		1년 이상	일반세율(6~42%)
	중과세 대상(○)	1년 미만	40%와 중과세율 중 큰 것
		1년 이상	중과세율: 일반세율+10%
3주택	중과세 대상(×)	1년 미만	40%
		1년 이상	일반세율(6~42%)
	중과세 대상(○)	1년 미만	40%와 중과세율 중 큰 것
		1년 이상	중과세율: 일반세율+20%
단기와 장기민간임대주택	중과세 대상(×)	–	일반세율(6~42%)
	중과세 대상(○)	–	중과세율(10% 또는 20% 추가)

세특례제한법상 과세특례 요건을 충족했더라도 중과세를 적용받을 수 있음에 주의한다.

사례분석

① 중과세 대상주택을 1년 미만 보유한 후 매도 시 중과세율과 40% 중 양도세액이 큰 금액을 적용한다.

Ⓐ주택은 조정대상지역에 소재하지 않으므로 일반세율을 적용한다. 양도세(지방소득세 포함)는 6,121만 5,000원이다. Ⓑ주택은 3주택 중과세율(26~62%)을 적용하면 1억 466만 5,000원(지방소득세 포함)의 양도세를 내야 한다. Ⓒ주택은 1년 미만이지만 2주택 중과세 대상이므로 40%를 적용한 양도세 8,690만 원과 중과세율(16~52%)을 적용한 세액 8,294만 원 중 큰 금액 8,690만 원을 내야 한다.

[표 5-5] 2주택 중과세: Ⓒ주택

보유기간	양도차익-공제액	1억 9,750만 원	세율	양도세액
1년 이상	1,200만 원 이하	1,200만 원	16%	192만 원
	1,200만 원 초과~4,600만 원 이하	3,400만 원	25%	850만 원
	4,600만 원 초과~8,800만 원 이하	4,200만 원	34%	1,428만 원
	8,800만 원 초과~1억 5,000만 원 이하	6,200만 원	45%	2,790만 원
	1억 5,000만 원 초과~3억 원 이하	4,750만 원	48%	2,280만 원
	3억 원 초과~5억 원 이하	–	50%	–
	5억 원 초과	–	52%	–
	합계			7,540만 원
1년 미만	(양도차익-공제액)×40%(=7,900만 원)와 중과세율 적용세액(7,540만 원) 중 큰 금액			7,900만 원

② 2주택 중과세 적용: ⓒ주택

ⓒ주택처럼 중과세 대상이고 보유기간이 1년 미만이면 [표 5-5]와 같이 (양도차익-공제액)×40%로 계산한 양도세 7,900만 원과 중과세율을 적용해 산출한 양도세 7,540만 원 중 큰 금액을 적용한다.

③ 3주택 중과세 적용: ⓑ주택

ⓑ주택처럼 중과세 대상이고 보유기간이 1년 이상이면 [표 5-6]과 같이 일반세율에 20%를 추가한 중과세율 적용세액(9,515만 원)을 적용한다.

[표 5-6] 3주택 중과세: ⓑ주택

보유기간	양도차익-공제액	1억 9,750만 원	세율	양도세액
1년 이상	1,200만 원 이하	1,200만 원	26%	312만 원
	1,200만 원 초과~4,600만 원 이하	3,400만 원	35%	1,190만 원
	4,600만 원 초과~8,800만 원 이하	4,200만 원	44%	1,848만 원
	8,800만 원 초과~1억 5,000만 원 이하	6,200만 원	55%	3,410만 원
	1억 5,000만 원 초과~3억 원 이하	4,750만 원	58%	2,755만 원
	3억 원 초과~5억 원 이하	–	60%	–
	5억 원 초과	–	62%	–
	합계			9,515만 원

०⃛ KEY POINT

☑ 일반세율   ☑ 2주택과 3주택 중과세율   ☑ 1년 미만 시 세율

매도가격 9억 원 초과, 1주택자 양도세: 계산 시 꼭 알아야 할 2가지

김막둥 씨는 1세대 1주택자인데 2013년 10월 3일 6억 원에 취득한 Ⓐ주택을 계속 전세 주고 있었다. 주변에서 2년 거주를 하지 않았다면 2019년까지 매도해야 비과세를 받고, 그 이후에 매도하면 비과세를 받지 못해 세금을 왕창 내야 한다고 해서 걱정이다. 세무사에게 15억 원에 2019년 11월 매도할 때와 2020년 1월 매도할 때 양도세 차이가 얼마나 나는지 물어보았다. 세무사는 "네가 잘 못 알고 있는 내용이 있어. 2년 거주를 하지 않는다고 비과세를 받지 못하는 건 아니야. 비과세를 받을 수는 있어. 2019년에 매도하면 양도세(지방소득세 포함)는 5,586만 4,600원, 2020년에 매도하면 양도세는 1억 1,035만 2,000원이야"라고 말해주었다. 막둥 씨는 "비과세를 받는데도 세금 차이가 2배나 나는 이유가 뭐야?"라고 물었다. 세무사는 "장기보유특별공제율이 다르기 때문이야. 2019년에 매도하면 48%의 장기보유특별공제율을 적용받지만, 2020년 이후에 매도할 때는 2년 거주를 하지 않았으므로 12%의 장기보유특별공제율이 적용돼"라고 했다.

핵심개념

① 비과세 요건을 갖춘 고가주택의 양도차익은 9억 원 초과 부분에 대해 비율로 계산한다.

실제 양도차익 중 매도가격에서 9억 원 초과 부분이 차지하는 비율만큼을 양도차익으로 봐 양도세를 계산한다.

$$과세 대상 양도차익 = \left[실제 발생한 양도차익 \times \frac{(매도가격-9억 원)}{매도가격} \right]$$

② 2020년 이후 매도 시 장기보유특별공제율은 2년 거주 여부에 따라 차이가 크다.

2019년에 매도하면 3년 이상 보유 시 연 8%의 장기보유특별공제율을 적용하지만, 2020년 이후에 매도할 때는 2년 이상 거주를 하지 않으면 연 2%의 장기보유특별공제율을 적용받는다.

구분			장기보유특별공제율
1주택	비과세 고가주택	2019년 매도	연 8%(최대 80%)
		2020년 이후 매도 — 2년 미만 거주	연 2%(최대 30%)
		2020년 이후 매도 — 2년 이상 거주	연 8%(최대 80%)

사례분석

사례에서 2019년까지 매도하나 2020년 이후 매도하나 비과세 요건을 갖춘 Ⓐ주택의 양도차익은 실제 양도차익 9억 원에 $\frac{15억\ 원-9억\ 원}{15억\ 원}$을 곱해 산출한 3억 6,000만 원이다. 하지만 2019년에 매도하면 장기보유특별공제율은 48%(=8%×6년)로 양도세는 5,586만 4,600원이고, 2020년에 매도하면 장기보유특별공제율은 12%(=2%×6년)로 양도세는 1억 1,035만 2,000원으로 대폭 증가한다.

☞ KEY POINT

☑ 과세 대상 양도차익   ☑ 2020년 이후 매도 시 장기보유특별공제율

2주택자 양도세 중과세 ①
판단을 잘 하라

김막둥 씨는 현재 2주택자로 Ⓐ와 Ⓑ주택 중 하나를 매도하려고 한다. 두 주택 모두 양도차익은 3억 원 정도다.

주택	보유기간	소재지	기준시가	비고
Ⓐ	4년	부산	4억 원	조정대상지역이 아닌 지역
Ⓑ	4년	서울	–	조정대상지역

세무사에게 어느 것을 먼저 매도해야 양도세가 적은지 물어보았다. 세무사는 "매도순서에 따라 양도세가 차이가 나. Ⓐ를 먼저 매도하면 양도세(지방소득세 포함)는 1억 3,574만 원이야. 그런데 Ⓑ를 먼저 매도하면 양도세(지방소득세 포함)는 9,298만 3,000원이야. 따라서

Ⓑ를 먼저 매도하고 Ⓐ를 비과세로 매도하는 게 세금이 가장 적어"
라고 조언해주었다.

핵심개념

중과세 판단을 잘못하면 양도세가 많다.

2주택자의 양도세 중과세 판단은 [그림 5-2]의 순서대로 하면 쉽다.
경기도·광역시·세종시의 읍·면 지역과 기타 도 지역에 소재하는 기

[그림 5-2] 2주택자의 양도세 중과세 판단순서

판단순서		먼저 매도하는 주택의 적용세율
경기도·광역시·세종시의 읍·면 지역과 기타 도 지역에 소재하는 기준시가 3억 원 이하 주택이 1채 이상 있는가?	➡ 예	일반세율
↓ 아니오		
중과세 제외 대상주택이 1채 이상 있는가?	➡ 예	일반세율
↓ 아니오		
2채 모두 조정대상지역 외 소재 주택인가?	➡ 예	일반세율
↓ 아니오		
조정대상지역 내 주택 1채+조정대상지역 이외 지역의 주택 1채인가?	➡ 예	① 조정대상지역 내 주택 먼저 매도: 중과세(일반세율+10%), 장기보유 배제 ② 조정대상지역 이외 지역 주택 먼저 매도: 일반세율
↓ 아니오		
조정대상지역 내 주택 2채인가?	➡ 예	■ 중과세(일반세율+10%) ■ 장기보유특별공제 배제

▶ 중과세 제외 대상주택(⇨p.132~133) 중 ⑭, ⑮, ⑰에 해당하는 주택이 있는 경우 ⑭, ⑮, ⑰에 해당하는 주택을 먼저 매도해야 일반세율을 적용받는다.

준시가 3억 원 이하 주택이 1채 이상 있다면 2채 모두 일반세율을 적용받는다. 중과세 제외 대상주택이 1채 이상 있거나 2채 모두 조정대상지역 외의 지역에 소재해도 소유한 2주택 모두 일반세율을 적용받는다. 조정대상지역 내 주택 1채+조정대상지역 이외 지역의 주택 1채인 경우는 매도순서에 따라 중과세 여부가 다르다. 조정대상지역 내 주택을 먼저 매도하면 양도세 중과세를 적용받는다.

사례분석

조정대상지역 내 1채+조정대상지역 이외 1채인 경우, 매도순서에 따라 중과세 여부가 달라진다.

Ⓐ는 조정대상지역 내 주택으로 먼저 매도하면 양도세 10%를 추가하는 중과세 대상이다. 따라서 양도세는 1억 3,574만 원이다. 만약 조정대상지역 이외 지역에 있는 Ⓑ를 먼저 매도하면 일반세율과 장기보유특별공제를 적용받아 양도세는 9,298만 3,000원이다. 따라서 Ⓑ를 먼저 매도한 후 Ⓐ를 비과세로 매도하면 양도세가 최소화된다.

🔑 KEY POINT

☑ 중과세 판단순서　☑ 기준시가 3억 원
☑ 중과세 제외 대상　☑ 조정대상지역

2주택자 양도세 중과세 ②
중과세 제외 주택을 찾아라

김막둥 씨는 조정대상지역에 소재하는 다음의 Ⓐ주택(취득 시부터 임대 중)과 Ⓑ주택을 소유하고 있는 2주택자다.

주택	취득일	양도차익
Ⓐ	2017년 12월 1일	2억 원
Ⓑ	2018년 12월 2일	2억 원

막둥 씨는 2년 거주요건을 채우지 못한 Ⓐ주택은 일시적 2주택 비과세를 받지 못하기에 아무것이나 먼저 매도해도 중과세를 적용받는다는 주변의 얘기를 듣고 Ⓑ를 먼저 매도하면 양도세가 얼마인지 세무사에게 물어보았다. 세무사는 "Ⓐ를 매도하는 게 세금이 더 적

은데 왜 Ⓑ를 매도하니?"라고 했다. 막둥 씨가 "주변에서 Ⓐ나 Ⓑ 모두 양도세가 똑같다던데?"라고 하자 세무사는 "Ⓐ는 중과세 제외 주택으로 일반세율을 적용받아 양도세는 6,121만 5,000원이지만, Ⓑ는 먼저 매도하면 중과세율을 적용받아 양도세는 8,294만 원으로 더 많아. 2주택자는 반드시 비과세가 되는지, 중과세를 제외 받는 주택이 있는지 확인해야 해!"라고 말해주었다.

핵심개념

중과세 적용을 제외 받는 주택들을 체크하라.

다음의 ①~⑰주택들은 중과세를 제외하는 주택들이다. 중과세 제외 대상주택 중 ⑭와 ⑮의 주택이 있다면 매도순서에 주의한다. ⑭와 ⑮의 주택과 일반주택을 소유한 경우, ⑭와 ⑮의 주택을 먼저 매도하면 ⑭와 ⑮의 주택은 중과세를 적용받지 않지만 일반주택을 먼저 매도하면 일반주택은 양도세 중과세 대상이 되기 때문이다.

[그림 5-3] 중과세 제외 대상주택 (1)

① 장기임대주택
② 감면 대상 장기임대주택(⇨p.140)
③ 장기사원용 주택(종업원에게 무상 제공하는 사용자 소유의 주택으로 당해 무상제공기간이 10년 이상인 주택)
④ 감면 대상 신축주택(⇨p.140)
⑤ 문화재 주택
⑥ 상속주택(소득세법시행령 제155조 제2항 규정의 상속주택으로 상속일로부터 5년이 경과하지 아니한 상속주택)
⑦ 저당권 실행으로 인해 취득하거나 채권변제를 대신해 취득한 주택으로 취득일로부터 3년 이내 양도하는 주택
⑧ 장기가정어린이집(사업자등록 후 5년 이상 가정어린이집으로 사용)

⑨ 1세대 구성원 중 일부가 취학, 근무상의 형편, 질병의 요양, 그 밖의 부득이한 사유로 다른 시군으로 주거를 이전하기 위해 1주택을 취득함으로써 1세대 2주택이 된 경우의 당해 주택(취득 후 1년 이상 거주하고 당해 사유가 해소된 날부터 3년이 경과하지 아니한 경우에 한정)

⑩ 취학, 근무상의 형편, 질병의 요양, 그 밖의 부득이한 사유로 취득한 수도권 밖에 소재하는 주택

⑪ 1세대 1주택자가 1주택을 소유하는 60세 이상의 직계존속(배우자의 직계존속 포함)을 동거봉양하기 위해 세대를 합침으로써 1세대 2주택을 소유하게 되는 경우의 해당 주택(세대를 합친 날부터 10년이 경과하지 아니한 경우에 한정)

⑫ 다른 사람과 혼인함으로써 1세대 2주택을 소유하게 되는 경우의 해당 주택(혼인일로부터 5년이 경과하지 아니한 주택에 한정)

⑬ 주택의 소유권에 관한 소송이 진행 중이거나 해당 소송 결과로 취득한 주택(소송으로 인한 확정 판결일부터 3년이 경과하지 아니한 경우에 한정)

⑭ 1주택을 소유한 1세대가 그 주택을 양도하기 전에 다른 주택을 취득함으로써 일시적으로 2주택을 소유하게 된 경우의 종전주택(다른 주택을 취득한 날로부터 3년이 경과하지 아니한 경우에 한정)

⑮ 양도 당시 기준시가 1억 원 이하의 주택(단, 도시및주거환경정비법에 따른 정비구역으로 지정 고시된 지역에 소재하는 주택은 제외)

⑯ ①∼⑬주택과 일반 주택만 소유하는 경우 일반주택

⑰ 조정대상지역의 공고가 있은 날 이전에 해당 지역의 주택을 양도하기 위해 매매계약을 체결하고 계약금을 지급받은 사실이 증빙서류에 의해 확인되는 주택

사례분석

중과세 제외 대상주택의 특성을 잘 파악한다.

Ⓐ와 Ⓑ는 일시적 2주택으로 Ⓐ는 양도세 중과세 제외 대상주택이다. 따라서 Ⓐ를 먼저 매도하면 6~42%의 일반세율이 적용돼 6,121만 5,000원의 양도세(지방소득세 포함)를 내지만 Ⓑ를 먼저 매도하면 16~52%의 중과세율이 적용돼 8,294만 원의 양도세(지방소득세 포함)를 내야 한다.

0━ KEY POINT

☑ 매도 전 중과세 제외 대상주택 17가지 체크!

3주택 이상자 양도세 중과세 ①
판단을 먼저 한 후 매도순서를 잡아라

김막둥 씨는 현재 3주택자로 Ⓐ, Ⓑ, Ⓒ주택 중 한 채를 매도하려고 한다. Ⓐ, Ⓑ, Ⓒ 모두 감면주택 등의 중과세 제외 주택에 해당하지 않는다.

주택	보유기간	소재지	기준시가	양도차익	비고
Ⓐ	4년	부산	4억 원	3억 원	조정대상지역이 아닌 지역
Ⓑ	4년	서울	–	3억 원	조정대상지역
Ⓒ	4년	서울	–	3억 원	조정대상지역

막둥 씨는 주택 3채 중 2채를 매도하고 싶은데 매도순서에 따라 양도세(지방소득세 포함)가 차이가 있는지 세무사에게 물었다. 그래서

Ⓐ→Ⓑ 순으로 매도할 경우와 Ⓑ→Ⓒ 순으로 매도할 경우, 양도세는 얼마인지 계산해달라고 했다. 세무사는 "Ⓐ→Ⓑ 순으로 매도하면 Ⓐ는 9,298만 3,000원, Ⓑ는 1억 3,574만 원이지만, Ⓑ→Ⓒ 순으로 매도하면 Ⓑ는 1억 6,846만 5,000원, Ⓒ는 1억 3,574만 원으로 세금이 훨씬 더 많다고 얘기해주었다.

핵심개념

3주택 이상자의 중과세 적용 어렵지 않다.

3주택 이상자의 양도세 중과세 판단은 [그림 5-4] 순서대로 하면

[그림 5-4] 3주택 이상자 양도세 중과세 판단순서

판단순서		주택의 적용세율
① 경기도·광역시·세종시의 읍·면 지역과 기타 도 지역에 소재하는 기준시가 3억 원 이하 주택인가?	➡ 예	일반세율+장기보유특별공제 적용
⬇ 아니오		
② 중과세 제외 대상주택인가?	➡ 예	일반세율+장기보유특별공제 적용
⬇ 아니오		
조정대상지역 외 주택인가?	➡ 예	일반세율+장기보유특별공제 적용
⬇ 아니오		
①과 ② 외 1채만 있는가?	➡ 예	일반세율+장기보유특별공제 적용
⬇ 아니오		
①과 ② 외 2채 이상이고 조정대상지역 내 있는가?	➡ 예	■ 중과세(일반세율+20%) ■ 장기보유특별공제 배제

쉽다. 경기도·광역시·세종시의 읍·면 지역과 기타 도 지역에 소재하는 기준시가 3억 원 이하 주택은 먼저 매도해도 일반세율을 적용받는다. 중과세 제외 대상주택과 조정대상지역 이외 지역 내 주택도 일반세율을 적용받는다. 경기도·광역시·세종시의 읍·면 지역과 기타 도 지역에 소재하는 기준시가 3억 원 이하 주택과 중과세 제외 대상주택 외에 1채만 있다면 해당 주택은 조정대상지역 내 있다고 해도 일반세율을 적용받는다.

사례분석

조정대상지역이 아닌 지역 주택을 먼저 매도해야 전체 양도세가 적다.

3주택자이지만 조정대상지역 내 주택 ⑧→ⓒ 순으로 매도하면 ⑧는 20%의 양도세 중과세율, ⓒ는 10%의 양도세 중과세율을 적용받는다. 그러나 조정대상지역 외 주택 ⓐ를 먼저 매도하면 ⓐ는 일반세율을 적용받고, 그다음 ⑧를 매도하면 2주택으로 10%의 중과세율을 적용한다.

0─ KEY POINT

☑ 중과세 판단순서 ☑ 기준시가 3억 원
☑ 중과세 제외 대상 ☑ 조정대상지역

08

3주택 이상자 양도세 중과세 ②
중과세 제외 주택을 찾아라

김막둥 씨는 조정대상지역에 소재하는 Ⓐ, Ⓑ, Ⓒ, Ⓓ주택을 소유하고 있는 4주택자로 Ⓒ와 Ⓓ를 매도하려고 한다.

주택	취득일	양도차익	비고
Ⓐ	2017년 12월 1일	–	소득세법시행령 제155조 제2항의 상속주택
Ⓑ	2018년 6월 3일	–	중과세 제외되는 장기임대주택
Ⓒ	2015년 7월 6일	2억 원	조정대상지역
Ⓓ	2016년 8월 9일	2억 원	조정대상지역이 아닌 지역

막둥 씨는 주택의 매도순서에 따라 양도세(지방소득세 포함)가 차이가 있는지 세무사에게 물었다. Ⓒ→Ⓓ 순으로 매도할 경우와 Ⓓ→Ⓒ 순으로 매도할 경우, 양도세를 계산해달라고 했다. 세무사는

ⓒ→ⓓ 순으로 매도하면 ⓒ는 1억 466만 5,000원, ⓓ는 5,452만 7,000원이지만, ⓓ→ⓒ 순으로 매도하면 ⓓ는 5,452만 7,000원, ⓒ는 5,452만 7,000원으로 세금이 훨씬 더 적다고 했다.

핵심개념

중과세 적용을 제외 받는 주택들을 활용하라.

[그림 5-5] 중과세 제외 대상주택 (2)

① 장기임대주택

② 감면 대상 장기임대주택(⇨p.140)

③ 장기사원용 주택(종업원에게 무상 제공하는 사용자 소유의 주택으로서 당해 무상제공기간이 10년 이상인 주택)

④ 감면 대상 신축주택(⇨p.140)

⑤ 문화재 주택

⑥ 상속주택(소득세법시행령 제155조 제2항 규정의 상속주택으로서 상속일로부터 5년이 경과하지 아니한 상속주택)

⑦ 저당권 실행으로 인해 취득하거나 채권변제를 대신해 취득한 주택으로서 취득일로부터 3년 이내 양도하는 주택

⑧ 장기가정어린이집(사업자등록 후 5년 이상 가정어린이집으로 사용)

⑨ ①~⑧주택과 일반 주택을 소유하는 경우 일반주택

⑩ 조정대상지역의 공고가 있은 날 이전에 해당 지역의 주택을 양도하기 위해 매매계약을 체결하고 계약금을 지급받은 사실이 증빙서류에 의해 확인되는 주택

1주택 이상을 보유한 자가 1주택 이상을 보유한 자와 혼인함으로써 혼인한 날 현재 제1항에 따른 1세대 3주택 이상에 해당하는 주택을 보유하게 된 경우로서 그 혼인한 날부터 5년 이내에 해당 주택을 양도하는 경우, 양도일 현재 양도자의 배우자가 보유한 주택 수(제1항에 따른 주택 수)를 차감해 해당 1세대가 보유한 주택 수를 계산

한다. 다만, 혼인한 날부터 5년 이내에 새 주택을 취득한 경우 해당 주택의 취득일 이후 양도하는 주택은 이를 적용하지 아니한다.

사례분석

중과세 제외 대상주택 외 주택의 매도순서를 조절할 수 있는지 체크하라.

Ⓐ와 Ⓑ는 양도세 중과세 제외 대상주택이다. Ⓒ와 Ⓓ의 매도순서에 따라 양도세 차이가 크다. Ⓒ를 먼저 매도하면 중과세 대상이 돼 일반세율에 20% 세율이 추가되고 장기보유특별공제를 적용받지 못한다. Ⓒ의 양도세는 1억 466만 5,000원이 된다. 그러나 Ⓓ를 먼저 매도하면 Ⓓ는 조정대상지역이 아니므로 일반세율과 장기보유특별공제를 적용받는다. Ⓓ를 먼저 매도하면 Ⓒ도 ⑨에 해당하는 중과세 제외 주택이 된다. 따라서 Ⓒ의 양도세는 5,452만 7,000원이다.

०┅ KEY POINT

☑ 매도 전 중과세 제외 대상주택 10가지 체크!

감면 대상 장기임대주택과 감면 대상 신축주택

(1) 감면 대상 장기임대주택

다음에 해당하는 임대주택은 양도세가 감면되는 임대주택이다. 양도세 중과세도

적용받지 않는다. 따라서 일반세율로 양도세를 계산하고 3년 이상 보유 시 장기

보유특별공제도 적용받는다.

[그림 5-6] 양도세 감면되는 임대주택

① 1986년 1월 1일~2000년 12월 31일 신축된 주택 또는 1995년 12월 31일 이전 신축된 주택으로 입주 사실이 없는 국민주택을 2000년 12월 31일 이전에 5호 이상 임대를 개시해 5년 이상 임대한 주택

② 1999년 8월 20일~2001년 12월 31일 신축된 국민주택 또는 1999년 8월 19일 이전 신축된 공동주택으로 입주 사실이 없는 국민주택을 1호 이상 포함해 2호 이상의 임대주택을 5년 이상 임대한 주택

③ 1995년 10월 31일 현재 미분양주택을 1995년 11월 1일~1997년 12월 31일 취득(1997년 12월 31일까지 매매계약을 체결하고 계약금을 납부한 주택 포함) 또는 1998년 12월 28일 현재 미분양주택을 1998년 3월 1일~12월 31일 취득한 미분양국민주택을 5년 이상 보유·임대한 주택

(2) 감면 대상 신축주택

다음에 해당하는 신축주택은 양도세가 감면되는 주택이며 양도세 중과세를 적

용받지 않는다. 따라서 일반세율로 양도세를 계산하고 3년 이상 보유 시 장기보

유특별공제도 적용받는다.

[그림 5-7] 양도세 감면되는 신축주택

① 1998년 5월 22일~1999년 6월 30일 자기가 건설한 신축주택. 단, 국민주택의 경우 1998년 5월 22일~1999년 12월 31일 자기가 건설한 신축주택

② 1998년 5월 22일~1999년 6월 30일 주택건설업자와 최초로 매매계약을 체결하고 계약금을 납부하는 자가 취득하는 주택. 단, 국민주택의 경우 1998년 5월 22일~1999년 12월 31일 주택건설업자와 최초로 매매계약을 체결하고 계약금을 납부하는 자가 취득하는 주택

③ 2000년 11월 1일~2001년 5월 22일 주택건설업자와 최초로 매매계약을 체결하고 계약금을 납부하는 자가 취득하는 수도권을 제외한 지역에 소재하는 신축 국민주택

④ 2001년 5월 23일~2003년 6월 30일(서울, 과천, 5대 신도시의 경우 2002년 12월 31일) 주택건설업자와 최초로 매매계약을 체결하고 계약금을 납부하는 자가 취득하는 주택 또는 자기가 건설한 신축주택

⑤ 2013년 4월 1일부터 2013년 12월 31일까지의 기간 중에 1세대 1주택자로부터 취득한 주택으로 취득가액이 6억원 이하이거나 주택의 연면적(공동주택은 전용면적)이 85㎡이하인 주택

⑥ 2008년 11월 3일부터 2010년 12월 31일까지의 기간 중에 취득한 수도권 밖에 있는 대통령령으로 정하는 미분양 주택

⑦ 거주자가 2009년 2월 12일부터 2010년 2월 11일까지의 기간 또는 비거주자가 2009년 3월 16일부터 2010년 2월 11일까지의 기간 중에 취득한 서울특별시 밖의 지역에 있는 대통령령으로 정하는 미분양주택

⑧ 조세특례제한법 제98조의5부터 제98조의8까지에 따라 양도소득세가 감면되는 주택

6장

주택 양도세
절세전략

01

1주택자 ①
취득 시기와 조정대상지역 여부에 따라 다른
양도세 비과세

세 친구 김막둥 씨와 최장남, 이차남 씨가 1세대 1주택 양도세 비과세에 대해 얘기하고 있다. 막둥 씨가 "2017년 8월 2일 이전에 취득한 주택은 2년만 보유하면 양도세 비과세를 받을 수 있어. 내 주택은 2016년 2월 취득해 언제 매도해도 비과세를 받는데"라고 하자, 장남 씨가 "아니야, 조정대상지역은 2년 이상 거주하지 않으면 받지 못한데"라고 했다. 옆에 있던 차남 씨가 "그럼 난 2021년에 매도하면 거주하지 않아도 양도세 비과세를 받겠네. 2018년 11월 취득할 때는 조정대상지역이었지만 현재 조정대상지역이 아니거든"이라고 하자 막둥 씨가 "아니라니까. 세무사에게 물어보자." 세무사는 "막둥이는 양도세 비과세를 받지만 차남이는 2년 이상 거주하지 않고 매도하면 양도세를 내야 해"라고 답했다.

핵심개념

조정대상지역 내 주택을 2017년 8월 3일 이후 취득했다면 2년 이상 거주와 2년 이상 보유를 채운 후 매도해야 비과세 받을 수 있다.

1주택자라고 해도 취득 시기와 조정대상지역 여부에 따라 비과세 요건은 [표 6-1]과 같이 다르다. 조정대상지역 내 주택을 2017년 8월 3일 이후 취득했다면 2년 이상 거주와 2년 이상 보유를 채우고 나서 매도해야 비과세를 받을 수 있다. 2017년 8월 2일 이전에 취득 했거나 2017년 8월 3일 이후부터 취득했지만 취득일에 조정대상지 역이 아닌 경우에는 2년 이상 보유한 후 매도하면 양도세 비과세를 받을 수 있다. 2017년 8월 2일 이전에 매매계약을 체결하고 계약금 을 지급한 사실이 증빙서류에 의해 확인되는 주택(해당 주택의 거주 자가 속한 1세대가 계약금 지급일 현재 주택을 보유하지 아니하는 경우로 한정)은 2017년 8월 2일 이전에 취득한 것으로 봐 2년 이상 보유하 면 양도세 비과세를 받을 수 있다.

[표 6-1] 1주택자 양도세 비과세 요건

구분	비과세 요건
2017년 8월 2일 이전 취득한 경우	2년 보유
2017년 8월 3일 이후 취득하고 취득일에 조정대상지역인 경우	2년 이상 보유, 2년 이상 거주
2017년 8월 3일 이후 취득했지만 취득일에 조정대상지역이 아닌 경우	2년 이상 보유

146

사례분석

① 취득 시 조정대상지역인지 확인하라.

막둥 씨의 주택은 2017년 8월 2일 이전에 취득했으므로 2년 이상 보유만 하면 양도세 비과세를 받을 수 있다. 그러나 차남 씨처럼 2017년 8월 3일 이후 취득한 주택으로 취득일(매수잔금일과 등기접수일 중 빠른 날)에 조정대상지역에 소재한다면 2년 이상 보유만 하고 2년 이상 거주요건을 채우지 못한 채 매도하면 양도세 비과세를 받을 수 없다.

② 1주택 비과세를 받지 못하는 경우라도 최소한 1년 이상 보유 후 매도하라.

1주택자가 양도세를 비과세 받지 못하는 경우, 1년 미만인 상태에서 매도하면 세율은 40%가 적용된다. 그러나 1년 이상인 상태에서 매도하면 일반세율을 적용받아 세금이 적어진다.

양도차익	양도세		
	1년 미만 보유	1년 보유	차이
2,000만 원	770만 원	약 170만 원	약 600만 원
5,000만 원	2,090만 원	약 680만 원	약 1,410만 원
1억 원	4,290만 원	약 2,115만 원	약 2,175만 원

02
1주택자 ②
2년 거주 또는 2년 보유를 할 수 없을 때
양도세 비과세 혜택 체크

세 친구 김막둥 씨와 최장남 씨, 이차남 씨는 1주택자로 소유주택
의 현황은 다음과 같다.

소유주택	취득일자	소재지	비고
막둥 씨	2018년 2월 3일	조정대상지역	1년 거주한 상태에서 다른 시로 전근
장남 씨	2018년 3월 3일	취득 시 조정대상지역	해외이주, 1년 보유
차남 씨	2018년 10월 3일	취득 시 조정대상지역	조정대상지역 공고일 이전에 매매계약 체결하고 계약금 지급해 취득

공교롭게도 세 친구는 1년 보유한 상태에서 소유주택을 매도하려고
한다. 세무사에게 양도세를 내야 하는지 아니면 절세가 가능한지
자문을 구했다. 세무사는 "막둥과 장남이는 양도세 비과세를 받을

수 있지만, 차남이는 양도세 비과세를 받을 수 없어"라고 하자 차남 씨의 표정이 안 좋아졌다. 그러자 세무사가 "차남이는 1년만 더 보유한 후 매도할 수 있으면 양도세 비과세를 받을 수 있어. 거주는 하지 않아도 되고"라고 하자 "정말? 그럼 1년 더 보유하고 매도해야지, 고마워" 하며 화색이 돌았다.

핵심개념

2년 보유 또는 2년 거주를 하지 않아도 양도세 비과세를 받을 수 있는가?

1주택자는 꼭 2년 보유(조정대상지역 내 주택은 2년 거주 포함)를 해야 양도세를 비과세 받을 수 있는 것은 아니다. [그림 6-1]에서 보듯이 ①~④ 사유가 발생하면 2년 보유와 2년 거주를 하지 않아도 양도세를 비과세 받을 수 있다. ⑤와 ⑥은 2년 거주를 하지 않아도 양도

[그림 6-1] 1주택자의 6가지 비과세 사유

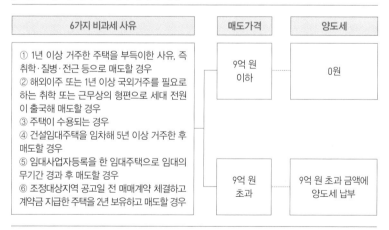

▶ ①~④의 구체적인 요건은 ⇨p.151~153 참조.

세를 비과세 받을 수 있다. 단, 2년 이상 보유한 후 매도해야 한다. 비과세 요건을 갖췄더라도 매도가격이 9억 원을 초과하면 일정 부분 양도세를 내야 한다.

사례분석

2년 거주를 하지 않아도 2년 보유를 해야 양도세 비과세를 받는 주택인지 확인하라.

막둥 씨는 1년 이상 거주한 주택을 전근 등으로 매도하고, 장남 씨는 해외이주로 주택을 매도하는 것이므로 양도세를 비과세 받을 수 있다. 그러나 차남 씨는 조정대상지역 공고일 전 매매계약을 체결하고 계약금 지급한 주택이므로 2년 이상 보유한 후 매도해야 양도세를 내지 않는다.

1주택자 양도세 비과세 사유

(1) 취학, 질병, 근무상의 형편으로 주택을 매도

1주택자가 근무상 형편 또는 취학 또는 질병의 치료나 요양 등의 불가피한 사유로 주택을 매도하는 경우, 취득일부터 매도일까지 1년 이상 거주했다면 양도세를 비과세 받을 수 있다. 단, 세대 전원이 다른 시군으로 이사를 가야 양도세를 내지 않는다. 여기서 질병의 치료나 요양이란 1년 이상의 치료나 요양을 필요로 하는 질병의 치료 또는 요양을 말한다. 근무상의 형편이란 직장의 변경이나 전근 등 근무상의 형편을 말하는데, 매도 전 주소지에서 근무처 변경으로 출퇴근이 불가능하게 돼 출퇴근이 가능한 주소지로 이전하는 경우여야 한다.

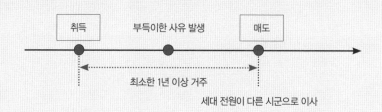

(2) 근무상 형편으로 해외출국하거나 해외이주법에 의한 국외이주

국내에 1주택을 소유한 자가 해외이주 등의 사유로 주택을 매도하는 경우, 앞서 살펴본 2년 이상 보유와 2년 이상 거주요건을 갖추지 못했더라도 양도세를 비과세 하고 있다. 다만, 일정한 요건을 갖춰야 비과세 받을 수 있다. 우선 해외이주는 해외이주법에 따른 해외이주로 세대 전원이 출국해야 하고, 취학 또는 근무상의 형편으로 해외로 출국하는 경우는 1년 이상 국외거주를 해야 한다. 보유기간은 제한이 없지만 출국일부터 매도일까지 1주택이어야 하며, 세대 전원이 출국해야 하고 출국일로부터 2년 이내 매도해야 양도세 비과세 혜택을 받을 수 있다. 2년 이 지나 매도하면 양도세를 내야 한다.

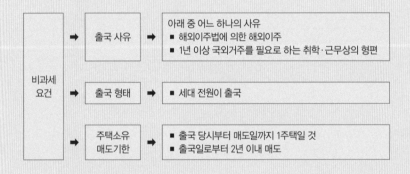

(3) 5년 이상 임차 거주한 건설임대주택

임대주택법에 의한 건설임대주택(공공임대아파트 등)은 일정한 임차 기간이 지난 후 분양전환을 할 수 있다. 분양전환을 하기 전까지는 임차인으로서의 지위만 가질 뿐이고 주택에 대한 소유권은 없다. 이러한 임대아파트를 분양전환한 후 매도하는 경우, 거주기간은 길지만 보유기간이 짧아 양도세를 내야 하는 등의 불리한 점이 있다. 세법에서는 임차일부터 매도일까지 세대 전원이 거주한 기간이 5년

이상인 임대아파트는 보유기간(분양전환일부터 매도일까지의 기간)이 짧더라도 양도
세를 비과세 해주고 있다. 예를 들어 2015년 8월 건설임대주택을 임차해 입주하
고 2020년 12월 임대주택을 분양전환해 소유권이전등기를 받은 후 바로 매도한
경우, 다른 주택이 없다면 양도세를 비과세 받을 수 있다. 이 경우 보유기간은 1개
월도 채 안 되지만 거주기간이 5년 이상이므로 양도세 비과세가 가능하다.

(4) 사업인정고시일 전 취득한 주택의 수용

주택 및 그 부수토지의 전부 또는 일부가 '공익사업을 위한 토지 등의 취득 및 보
상에 관한 법률'에 의한 협의매수·수용 및 그 밖의 법률에 의해 수용되는 경우,
양도소득세를 비과세 받을 수 있다. 단, 사업인정고시일 이전에 취득한 주택에 한
한다. 만약 주택 및 그 부수토지의 일부가 수용 또는 협의매수된 경우, 수용일 또
는 협의매도일로부터 5년 이내 매도해야 나머지 주택 및 그 부수토지도 양도세
를 비과세 받을 수 있다.

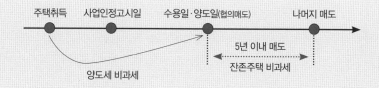

03

1주택자 ③
2020년 이후 매도 시 2년 거주 여부에 따라 다른
장기보유특별공제율

김막둥 씨는 2010년 10월 3일 8억 원에 매입한 Ⓐ주택만 소유하고 있다. Ⓐ주택에 거주한 적이 없는데 2년 이상 거주하지 않고 2020년 이후에 매도하면 양도세가 훨씬 많다고 해서 걱정이다. 세무사에게 20억 원에 2019년 11월 매도할 때와 2020년 1월 매도할 때 세금 차이가 얼마인지 계산해달라고 부탁했다. Ⓐ주택의 취득가격 8억 원 외에 취득세와 중개수수료 등으로 총 1억 원이 더 들었다. 세무사는 계산해보더니 "세금 차이가 어마어마하네. 2019년에 매도하면 양도세는 4,842만 4,000원, 2020년 매도 시 양도세는 1억 8,924만 4,000원이야"라고 하자 막둥 씨는 2년 이상 거주와 2019년 매도 중 어느 것을 선택해야 할지 고민에 빠졌다.

핵심개념

장기보유특별공제는 3년 이상 보유해야 적용받을 수 있다.

다만, [표 6-2]와 같이 3년 이상 보유하더라도 매도 시기와 2년 거주 여부에 따라 장기보유특별공제율은 다르다. 2017년 8월 2일 이전 취득한 주택으로 매도가격이 9억 원을 넘는 고가주택은 2년 이상 보유하면 양도세를 비과세 받지만 9억 원 초과 부분에 대해 양도세를 내야 한다. 이때 장기보유특별공제율은 2019년도에 매도하면 연 8%로 최대 80%까지 적용받지만, 2020년 이후 매도할 때는 2년 이상 거주를 하지 않고 매도하게 되므로 연 2%(최대 30%)의 장기보유특별공제율을 적용한다. 2017년 8월 3일 이후 취득한 주택의 경우, 2020년 이후 매도 시 2년 이상 거주를 하지 않으면 3년 이상 보유했더라도 장기보유특별공제율은 연 2%(최대 30%)를 적용해 양도세를 산출한다. 주의할 내용은 양도세 비과세와 장기보유특별공제율을 혼동해서는 안 된다는 점이다. 1주택자로 비과세 요건을 갖추지 못해 양도세를 내야 하는 경우와 비과세 요건을 갖춘 고가주택의 경우, 장기보유특별공제율은 [표 6-2]를 적용한다.

[표 6-2] 1주택자의 장기보유특별공제율

구분			장기보유특별공제율
① 2017년 8월 2일 이전 취득 주택으로 고가주택	2019년 매도		연 8%(최대 80%)
	2020년 이후 매도	2년 미만 거주	연 2%(최대 30%)
		2년 이상 거주	연 8%(최대 80%)
② 2017년 8월 3일 이후 취득 주택	2020년 이후 매도	2년 미만 거주	연 2%(최대 30%)
		2년 이상 거주	연 8%(최대 80%)

사례분석

비과세 요건을 갖춘 고가주택이라도 매도 시기에 따라 장기보유특별공제가 다르다.

막둥 씨가 소유한 주택의 경우, 매도가격이 9억 원을 넘는 고가주택이다. 2019년 12월 31일 이전까지 매도하면 2년 거주 여부와 상관없이 장기보유특별공제율 72%를 적용하므로 양도세(지방소득세 포함)는 4,842만 4,000원이다. 그러나 2020년에 매도할 경우 2년 이상 거주를 하지 않으면 장기보유특별공제율은 18%로 양도세는 1억 8,924만 4,000원으로 급증한다.

04
1주택자 ④
2021년 이후 매도 시 보유기간 체크

김막둥 씨는 2016년도에 Ⓐ와 Ⓑ주택을, 아내는 Ⓒ주택을 취득한 1세대 3주택자다. 2021년에 Ⓐ와 Ⓑ를 매도한 후 Ⓒ도 2021년에 비과세로 매도할 계획이다. 세무사에게 Ⓐ와 Ⓑ의 양도세를 문의하러 갔다가 Ⓒ주택은 비과세를 받을 수 없다는 얘기를 듣고 깜짝 놀랐다. 세무사는 2021년 이후 양도하는 1주택자의 보유기간 계산이 바뀌었는데, Ⓒ의 보유기간 계산 시 Ⓐ와 Ⓑ를 함께 보유한 기간을 제외한 기간이 2년이 넘어야 1주택 양도세를 비과세 받을 수 있도록 바뀌었다고 알려주었다.

핵심개념

① 2020년 말까지 매도하는 1주택자 양도세 비과세 판단 시 보유기간

다주택자가 Ⓐ, Ⓑ주택을 매각하고 ©주택을 바로 매도하면 ©주택의 취득 시기부터 보유기간 2년을 기산해 1세대 1주택 비과세를 받을 수 있다.

[그림 6-2] 2020년 말까지 매도하는 1주택자 양도세 비과세 판단 시 보유기간 계산

©주택 취득 → ©주택 양도: 비과세 가능

©주택	보유기간 2년 충족	→ 1주택 비과세
Ⓑ주택	2주택 상황	
Ⓐ주택	3주택 상황	

Ⓑ주택 양도

Ⓐ주택 양도

② 2021년 이후 매도하는 1주택자 양도세 비과세 판단 시 보유기간

다주택을 보유한 기간은 제외하고 최종적으로 ©주택만 보유하게 된 날로부터 보유기간 2년을 기산해 1세대 1주택 비과세를 받을 수 있다. 다만, 일시적 2주택자나 상속·동거봉양 등 부득이한 사유로 1주택 비과세를 받는 주택은 제외된다.

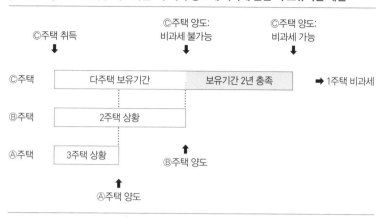

[그림 6-3] 2021년 이후 매도하는 1주택자 양도세 비과세 판단 시 보유기간 계산

사례분석

ⓒ의 양도세를 비과세 받으려면 Ⓐ와 Ⓑ 중 마지막으로 매도한 주택의 매도일로부터 2년 이상 보유한 후 매도해야 한다.

(1) 가족 소유주택도 실제 함께 살고 있다면 포함해서 판단한다.

막둥 씨는 주민등록상 아내와 자녀 2명만 있지만 실제로는 어머니도 몇 년째 함께 살고 있다. 막둥 씨와 어머니는 각각 1채씩 소유하고 있는데, 막둥 씨의 소유 주택을 매도할 때 1주택자 양도세 비과세를 받을 수 있는가? 주민등록상 1주택 이지만, 세법상으로는 2주택자다. 따라서 1주택자 양도세 비과세를 받을 수 없다. 막둥 씨가 1주택 양도세 비과세로 판단해 양도세 신고를 하지 않다가 세무서로 부터 2주택자로 양도세 추징을 받을 수 있다. 주택 수를 판단할 때 본인과 배우자 및 동거가족이 소유한 주택을 모두 합해 계산한다. 동거가족에는 시부모와 처부 모 및 조부모 등의 직계존속과 자녀 및 형제자매 등이 함께 거주하면 동거가족이 된다. 배우자는 동거 여부와 상관없이 주택을 소유하고 있으면 무조건 포함된다. 자녀의 경우 원칙적으로 30세 이상이거나 국민기초생활보장법상의 기준 중위소 득의 40% 이상으로서 소유하고 있는 주택 또는 토지를 관리·유지하면서 독립 된 생계를 유지할 수 있고 부모와 따로 살고 있다면 부모와 별도세대로 본다. 다 만, 미성년 자녀는 결혼이나 가족의 사망으로 1세대 구성이 불가피한 경우 외에 는 무조건 부모와 동일세대로 본다.

매도일에 실제 따로 거주하라.

주택 수 판단은 매도일의 상황에 따라 판정한다. 따라서 1주택을 소유한 부모와 1주택을 소유한 자녀가 함께 살고 있는 경우, 매도 전에 주민등록을 이전하고 실제 따로 거주한 후 주택을 매도하면 1주택으로 양도세를 비과세 받을 수 있다.

(2) 다운계약서와 업계약서 작성 시 양도세 불이익을 받는다.

막둥 씨는 장남 씨에게 아파트를 4억 4,000만 원에 매도했다. 막둥 씨는 1주택자로 양도세를 비과세 받을 수 있다. 장남 씨는 나중에 아파트를 매도할 때 양도세를 줄이고자 5억 원에 매매한 것으로 하는 업계약서를 작성하자고 한다. 막둥 씨는 업계약서를 작성해도 되는가? 막둥 씨의 양도차익은 1억 원이고 보유기간은 3년이다.

막둥 씨가 업계약서를 작성하면 부동산거래신고위반으로 인한 과태료 1,760만 원과 양도세 1억 3,662만 원(가산세 별도)을 내야 하는 불이익을 받는다. 매도자와 매수자 모두 부동산거래신고 등에 관한 법률을 위반하면 부동산 취득가액의 최대 5%까지 과태료를 추징당한다. 부동산 등의 실제거래가격을 10% 이상 20% 미만 차이가 발생하도록 거짓으로 신고할 경우, 과태료는 취득가액의 4%다. 따라서 막둥 씨와 장남 씨는 각각 1,760만 원(=4억 4,000만 원×4%)의 과태료를 부과 받는다.

과태료	1,760만 원

매도자는 양도세를 비과세 받지 못하고 양도세를 내야 한다.

만약 사례에서 업계약서를 작성한 막둥 씨의 경우, 비과세를 적용하지 않았을 때 양도세가 8,000만 원이라면 막둥 씨는 양도세 6,000만 원(8,000만 원과 6,000만 원 중 적은 금액)을 내야 한다.

매도자 막둥 씨	①과 ② 중 적은 금액 ① 비과세를 적용하지 않았을 때의 양도세 산출세액=1,366만 2,000원 ② 업한 금액(6,000만 원)

(3) 무허가주택도 주택에 포함된다.

무허가주택은 등기부등본이 존재하지 않지만 세법상 주택에 해당한다. 무허가건물관리대장에 등재돼 재산세 등을 내는 무허가주택은 세무서에서 파악할 수 있다. 따라서 무허가주택이 있다면 다른 주택 매도 시 주택 수에 포함돼 1주택 비과세를 받지 못하거나 다주택자 중과세를 당할 수 있으니 주의한다. 무허가주택이라고 무조건 주택 수에 포함되는 것은 아니다. 사실상 주거로 사용할 수 없는 상태라면 주택으로 보지 않는다. 따라서 무허가주택의 주거 사용 가능성 여부에 따라 1주택 또는 2주택 이상자가 된다.

무허가 주택은 다른 주택 매도 전 멸실하거나 용도변경 하라.

무허가주택이 있다면 나중에 세무서와 마찰이 생기지 않도록 사전에 건물을 멸실하는 게 좋다. 그러나 보상 등의 문제가 있어 멸실이 쉽지 않다면 주택 외의 용도로 변경하는 방법을 고려할 필요가 있다.

(4) 소수지분으로 소유한 주택도 주택 수에 포함해 판단한다.

1개의 주택을 여러 사람이 공동 취득해 지분형태로 소유한 경우가 종종 있다. 이 경우 주택은 1채이지만 세법상으로 각 사람이 1채씩 소유한 것으로 봐 주택 수를 판단한다. 지분으로 소유한 주택이 있다면 그 지분을 다른 사람에게 증여하거나 매도하면 주택 수에서 제외된다.

05

2·3주택 이상자:
절세 판단 기준은?

김막둥 씨는 2주택자이고 친구 최장남 씨는 3주택 이상자다. 서로 양도세 절세에 대해 얘기하던 중 막둥 씨가 "양도세 절세를 하려면 무조건 장기일반민간임대주택으로 등록하면 돼"라고 했다. 그러자 장남 씨가 "모르는 소리하지 마. 임대등록하면 10년 넘게 팔지 못해. 증여하는 게 양도세 절세를 위해 가장 좋아"라고 했다. 곁에서 듣고 있던 세무사가 "비과세 또는 감면 가능한 주택인지 먼저 확인해야 해. 그런 다음 비과세나 감면이 불가능하다면 증여나 임대등록 및 매도순서 조절 등 절세방법을 자신의 상황에 맞게 선택하는 게 가장 좋아. 절세방법은 모든 사람이 동일하지 않아"라고 했다. 그러자 막둥 씨와 장남 씨는 세무사에게 자신의 상황에 가장 좋은 절세가 무엇인지 분석해달라고 의뢰했다.

핵심개념

절세방법은 개개인마다 다르다.

주택 수가 동일하다고 해도 개인마다 소유주택들의 특성과 보유목적 등이 다르므로 절세방법도 차이가 있을 수밖에 없다. 소유주택 중 매도할 주택이 있다면 [그림 6-4]의 판단순서에 따라 진행하는 게 바람직하다.

[그림 6-4] 2·3주택 이상자의 양도세 절세 판단순서

판단순서		비고
매도주택이 비과세 가능한 주택인가?	➡ 예	일시적 2주택 등
⬇ 아니오		
매도주택이 양도세 감면 가능한 주택인가?	➡ 예	감면 임대주택/감면 신축주택 등
⬇ 아니오		
매도주택 이외 주택을 증여하면 비과세 또는 중과세 제외가 가능한가?	➡ 예	별도세대인 자녀에게 증여
⬇ 아니오		
매도주택 이외 주택을 임대등록하면 비과세 또는 중과세 제외가 가능한가?	➡ 예	장기일반민간임대주택 또는 단기민간임대주택으로 등록
⬇ 아니오		
매도순서를 조절하면 비과세 또는 중과세 제외가 가능한가?	➡ 예	양도세가 적은 순으로 매도순서 조절

사례분석

소유주택들의 보유목적과 자신의 상황에 맞게 절세방법을 선택하라.

단기간에 처분할 대상을 양도세 절세를 위해 무작정 장기일반민간임대주택으로 등록해 10년 이상 장기간 매도하지 않는 등 양도세 때문에 당초의 보유목적과 어긋나는 의사결정을 하는 사례들이 적지 않다. 이런 선택과 결정이 바람직한지 다시 한 번 검토한다. 단기간 내 처분할 주택을 의도한 대로 매도할 때 다른 절세 대안들이 있는지 사전에 면밀하게 점검할 필요가 있다.

2주택자 ①
일시적 2주택 양도세 비과세 달라지는 점

김막둥 씨는 Ⓐ와 Ⓑ주택을 소유한 2주택자다.

주택	취득일자	소재지	비고
Ⓐ	2016년 4월 1일	조정대상지역	–
Ⓑ	2019년 6월 1일	취득 시 조정대상지역	2019년 4월 20일 매매계약

막둥 씨는 Ⓐ주택을 2022년 5월에 매도하면 양도세를 비과세 받을 수 있냐고 세무사에게 문의했다. 그러자 세무사는 "2022년에 매도하면 Ⓐ주택은 양도세를 내야 하는데, 2021년 6월 1일까지 매도하면 양도세를 비과세 받을 수 있어"라고 알려주었다.

핵심개념

먼저 취득한 주택의 양도세를 비과세 받으려면 다음의 3가지 요건을 모두 충족해야 한다.

① 나중에 취득한 주택(Ⓑ)은 먼저 취득한 주택(Ⓐ)의 취득일로부터 1년이 지나서 취득해야 한다.

다만, 수도권 소재 기업이나 공공기관이 비수도권으로 이전함으로써 그 임직원이 비수도권에 취득하는 주택은 종전주택(Ⓐ)의 취득일로부터 1년 이내에 취득해도 된다.

② 먼저 매도하는 주택(Ⓐ)은 나중에 취득한 주택(Ⓑ)의 취득일로부터 3년(또는 2년) 이내 매도해야 한다.

조정대상지역 내 주택(Ⓐ)을 소유한 상태에서 2018년 9월 14일 이후에 조정대상지역 내 주택(Ⓑ)을 추가로 취득한 경우, 나중에 취득한 주택(Ⓑ)의 취득일로부터 2년 이내 매도해야 한다. 다만, 새로운 주택의 취득일로부터 3년이 되는 날 현재 한국자산관리공사에 매각을 의뢰하거나 법원에 경매를 신청한 경우 또는 국세징수법에 의한 공매가 진행 중인 경우, 새로운 주택의 취득일로부터 3년이 지나서 매도해도 된다. 수도권 소재 기업이나 공공기관이 비수도권으로 이전함으로써 그 임직원이 비수도권에 주택을 취득하는 경우, 비수도권 주택(Ⓑ)의 취득일로부터 5년 이내에만 먼저 취득한 주택(Ⓐ)을 매도하면 양도세를 비과세 받을 수 있다.

③ 먼저 매도하는 주택은 매도일에 1주택자의 비과세 요건(2년 이상 보유, 취득 시 조정대상지역 내 주택이면 2년 거주 포함 등)을 갖춰야 한다.

사례분석

매도 시기를 정확하게 판단한다.

조정대상지역 내 주택(Ⓐ)을 소유한 상태에서 2018년 9월 14일 이후에 조정대상지역 내 주택(Ⓑ)을 추가로 취득했으므로 Ⓑ 취득일로부터 2년 내 매도해야 한다.

2주택자 ②
수도권 1채 보유+취학·질병·근무상 형편 등으로
비수도권 1채 취득한 경우

김막둥 씨는 Ⓐ주택(수도권 소재)을 소유한 상황에서 전근으로 수도권 외 지역에 있는 Ⓑ주택을 취득해 2주택자가 되었다. 세무사에게 Ⓐ주택의 양도세를 비과세 받으려면 어떻게 해야 하는지 물었다. 세무사는 "부득이한 사유가 해소된 날(퇴직 등)로부터 3년 이내에 Ⓐ주택을 1주택 비과세 요건(2년 이상 보유 등)을 갖춰 매도하면 양도세를 비과세 받을 수 있어"라고 답해주었다.

핵심개념

부득이한 사유가 해소된 날로부터 3년 이내에 수도권 소재 주택을 매도하라.

수도권(서울·경기도·인천)에 소재하는 주택 1채를 보유한 상태에서 취학·질병·근무상 형편 등으로 비수도권 1채를 취득했다면 부득이한 사유가 해소된 날(퇴직 등)로부터 3년 이내에 수도권 소재 주택을 1주택 비과세 요건(2년 이상 보유 등)을 갖춰 매도하면 양도세를 비과세 받을 수 있다. 이때 나중에 취득하는 ⑧주택은 취학·질병·근무상의 형편 등의 부득이한 사유로 취득해야 하며, 수도권이 아닌 비수도권에 소재하는 주택이어야 한다. 또한 세대 전원이 부득이한 사유가 발생한 다른 시군으로 주거를 이전해야 한다. 여기서 질병의 요양이란 1년 이상의 치료나 요양을 필요로 하는 질병의 치료 또는 요양을 말한다. 근무상의 형편이란 직장의 변경이나 전근 등 근무상의 형편을 말하는데, 매도 전 주소지에서 근무처 변경으로 출퇴근이 불가능하게 돼 출퇴근이 가능한 주소지로 이전하는 경우여야 한다. 또한 일반주택(Ⓐ)이 아닌 부득이한 사유로 취득한 비수도권 주택(Ⓑ)을 먼저 매도하면 양도세를 내야 한다.

사례분석

일반주택(Ⓐ)을 부득이한 사유로 해소일로부터 3년 이내 매도한 후 비수도권 주택(Ⓑ)을 2년 보유기간을 채워 바로 매도하면 Ⓐ와 Ⓑ 모두 양도세를 내지 않는다.

2주택자 ③
결혼 또는 부모합가로 2주택 비과세를 활용하라

1세대 1주택인 김막둥 씨의 차남이 1세대 1주택인 최장남 씨의 장녀와 2017년 1월 5일 결혼했다. 바로 다음날(2017년 1월 6일)에 1세대 1주택인 김막둥 씨(만 65세)는 1세대 1주택인 장남과 합가를 해서 2주택자가 되었다. 차남 내외의 주택 양도세와 본인과 장남의 주택 양도세가 복잡해 세무사에게 문의하기로 했다. 세무사는 차남 내외는 결혼일로부터 5년 내에 매도하면 양도세를 비과세 받을 수 있고, 장남과 본인은 합가일로부터 10년 내에 매도하면 양도세를 비과세 받을 수 있다고 조언해주었다.

핵심개념

① 혼인일로부터 5년 내 1주택 비과세 요건을 갖춰 매도하라.

1주택을 보유한 사람 간의 결혼으로 2주택이 되는 경우, 결혼일로부터 5년 이내에 1주택 비과세 요건을 갖춰 먼저 매도하는 주택은 양도세 비과세를 받을 수 있다. 1주택 소유자와 무주택자 간의 결혼이라 할지라도 무주택자가 1주택을 소유한 부모와 함께 살고 있어 2주택이 되었다면 이때도 5년 이내에 1주택 비과세 요건(2년 이상 보유 등)을 갖춰 매도하는 주택은 양도세를 비과세 받을 수 있다.

[그림 6-5] 결혼 또는 부모합가 시 2주택 비과세 조건

조건 ①	'1주택 소유자+1주택 소유자'의 결혼
	'1주택 소유자+1주택 소유한 60세 이상 부모 등을 둔 무주택자'의 결혼
조건 ②	1주택 비과세 요건(2년 이상 보유, 취득 시 조정대상지역 주택은 2년 이상 거주 포함 등)을 갖춰 혼인일로부터 5년 이내 매도

② 부모와 합가한 날로부터 10년 내에 1주택 비과세 요건을 갖춰 매도하라.

1주택을 보유한 자녀와 1주택을 보유한 60세 이상의 직계존속(시부모와 처부모 등)이 세대를 합침으로써 2주택이 되는 경우, 세대를 합친 날로부터 10년 이내에 1주택 비과세 요건을 갖춰 먼저 매도하는 주택은 양도세 비과세를 받을 수 있다.

사례분석

부모 중 한 명만 60세 이상이면 합가로 양도세를 비과세 받을 수 있다.

막둥 씨의 차남과 장남 씨의 장녀는 1주택을 소유한 사람 간의 결혼이므로 혼인일로부터 5년 내에 본인의 주택 또는 배우자의 주택 중 어느 하나를 1주택 비과세 요건(2년 이상 보유)을 갖춰 매도하면 양도세를 비과세 받을 수 있다. 막둥 씨와 막둥 씨의 장남은 본인의 주택 또는 부모인 막둥 씨의 주택 중 하나를 10년 내에 1주택 비과세 요건(2년 이상 보유)을 갖춰 매도하면 양도세를 비과세 받는다.

2주택자 ④
상속주택이 있을 때 2주택 양도세 비과세

김막둥 씨는 Ⓐ주택을 소유하고 있는 상황에서 아버지의 사망으로 Ⓑ주택을 상속받아 2주택이 되었다. 아버지의 사망일에 본인과 아버지 모두 별도세대로 1세대 1주택을 소유했다. 어느 주택을 먼저 매도해야 양도세가 절세되는지 세무사에게 물어보았다. 세무사는 Ⓐ주택을 먼저 매도하면 양도세를 비과세 받을 수 있지만 Ⓑ주택을 먼저 매도하면 양도세를 내야 한다는 답을 주었다.

핵심개념

1주택 이하인 자가 주택을 상속받는 경우, 비과세가 가능하다.

상속주택이 있을 때 일반주택의 양도세를 비과세 받으려면 다음의 2가지 요건을 모두 갖춰야 한다.

① 상속주택을 상속받는 자는 상속일(사망일)에 피상속인(사망한 사람)과는 별도세대로 1주택 상태여야 한다.

상속개시일(사망일) 이후에 상속인이 일반주택(2013년 2월 14일 이전 취득한 주택은 제외)을 취득해 양도할 경우, 1세대 1주택 비과세 적용을 받을 수 없다. 다만, 수도권 밖의 읍·면 지역에 소재하는 상속주택으로서 피상속인이 5년 이상 거주한 사실이 있는 주택의 경우, 상속 당시 소유한 일반주택뿐 아니라 상속개시일 이후에 취득해서 양도하는 주택도 비과세를 적용받을 수 있다. 만약 피상속인(사망한 사람)의 주택이 여러 채 있는 경우, 다음의 순서로 결정한 주택 1채만 상속주택이 된다. 따라서 상속주택이 아닌 다른 주택을 상속받으면 일반주택 매도 시 다른 요건을 충족하더라도 양도세 비과세 혜택을 받을 수 없다.

② 일반주택을 1주택 비과세 요건(2년 이상 보유 등)을 갖춰 매도해야 한다.

비과세 요건을 갖추지 못하고 매도하면 양도세를 내야 한다. 따라서 2017년 8월 3일 이후 취득한 주택으로 취득 당시 조정대상지역 내 주택을 소유하고 있다가 다른 주택을 상속받아 2주택자가 되었다면 조정대상지역 내 주택을 매도할 때 2년 이상 보유와 2년 이상 거주를 모두 갖춘 후 매도해야 비과세를 받을 수 있다.

사례분석

① **상속주택이 아닌 일반주택을 먼저 매도하면 양도세를 내야 한다.**

Ⓑ주택이 상속주택에 해당하므로 Ⓐ주택을 먼저 매도하면 양도세를 비과세 받을 수 있다. 단, Ⓐ주택은 매도일에 1주택자 비과세 요건(2년 이상 보유, 취득 시 조정대상지역이면 2년 이상 거주 포함 등)을 갖춰야 한다. 일반주택 Ⓐ가 아닌 상속주택 Ⓑ를 먼저 매도하면 양도세를 내야 하니 주의한다.

② **상속일에 동일세대였어도 상속주택 특례를 받을 수 있는지 확인하라.**

원칙적으로 상속일에 별도세대여야 하지만 예외적으로 동일세대 구성원으로부터 동거봉양을 위한 합가일 이전부터 보유하던 주택을 상속받은 경우에도 상속받기 전부터 본인이 보유하던 주택을 양도할 때 비과세를 받을 수 있다.

TIP

농어촌주택 또는 고향주택을 취득해 2주택일 때 비과세

일반주택 1채를 소유하고 있는 상태에서 일정요건을 갖춘 농어촌주택 또는 고향 주택을 취득함으로써 2주택이 되는 경우, 일반주택을 매도할 때 다음의 4가지 요 건을 모두 갖춰야 양도세를 비과세 받을 수 있다.

(1) 법에서 정한 농어촌주택 또는 고향주택이어야 한다.

주택이 농어촌이나 고향에 소재한다고 무조건 해당하는 것은 아니다. [그림 6-6] 에서 보듯이 지역, 면적, 가격 등 법에서 정한 요건을 갖춘 농어촌주택과 고향주 택만 가능하다.

(2) 농어촌주택은 2003년 8월 1일~2020년 12월 31일 내에, 고향주택은 2009년 1월 1일~ 2020년 12월 31일 내에 취득해야 한다.

(3) 일반주택을 먼저 매도하고 농어촌주택과 고향주택을 최소한 3년 이상 보유 해야 한다.

농어촌주택이나 고향주택의 보유기간이 3년이 안 된 상태에서 일반주택을 매도 해도 일반주택의 양도세를 비과세 받을 수 있다. 다만, 일반주택 매도 후 농어촌

[그림 6-6] 농어촌주택과 고향주택의 범위

① 농어촌주택
지방자치법 제3조 제3항 및 제4항에 따른 읍 또는 면 또는 동(조세특례제한법 시행령 제99조의 4에 따른 별표 12의 시 지역에 속하는 동)에 소재하는 주택으로서 대지는 660㎡ 이내이고 건물은 연면적 150㎡ 이내(공동주택은 전용면적 116㎡ 이내)로서 취득 시 기준시가 2억 원(2014년 1월 1일 이후 취득하는 한옥은 4억 원) 이하이여야 한다. 단, 수도권(서울/경기도/인천), 소득세법상 투기지정지역, 국토의 계획 및 이용에 관한 법률 제6조 및 제117조에 따른 도시지역 및 토지거래 허가지역, 관광진흥법 제2조에 따른 관광단지에 소재하는 경우에는 농어촌주택에서 제외한다. 일반주택과 행정구역상 동일 읍·면·시 또는 연접한 읍·면·시에 소재하는 경우에도 농어촌주택에서 제외한다.

② 고향주택
가족관계의 등록 등에 관한 법률에 따른 가족관계등록에 10년 이상 등재된 등록기준지로 10년 이상 거주한 사실이 있는 별표 12(조세특례제한법 시행령 제99조의 4)에 따른 시 지역(연접한 시 지역 포함)에 소재하는 주택으로서 대지는 660㎡ 이내이고 건물은 연면적 150㎡ 이내(공동주택은 전용면적 116㎡ 이내)로서 취득 시 기준시가 2억 원(2014년 1월 1일 이후 취득하는 한옥은 4억 원) 이하이여야 한다. 단, 수도권(서울/경기도/인천), 소득세법상 투기지정지역, 관광진흥법 제2조에 따른 관광단지에 소재하는 경우에는 고향주택에서 제외한다. 일반주택과 행정구역상 동일 읍·면·시 또는 연접한 읍·면·시에 소재하는 경우에도 고향주택에서 제외한다.

주택과 고향주택을 보유기간이 3년이 안 된 상태에서 매도하면 앞서 비과세 받았던 일반주택의 양도세를 추징한다.

(4) 일반주택을 1주택 비과세 요건(2년 이상 보유 등)을 갖춰 매도해야 한다.

1세대 1주택 비과세 요건을 갖추지 않은 상태에서 매도하면 양도세를 과세한다.

귀농주택 또는 이농주택이 있을 때 2주택 비과세

일반주택 1채와 [표 6-3]에 해당하는 주택 1채를 소유해 2주택인 경우, 일반주택을 1주택 비과세 요건(2년 이상 보유 등)을 갖춰 매도하면 양도세를 비과세 받는다. 서울·인천·경기도 외의 지역 중 읍(도시 지역 내는 제외)·면 지역에 소재한 [표 6-3]의 요건을 충족한 주택을 말한다. 귀농주택을 취득한 날부터 5년 이내에 일반주택을 매도해야 비과세를 받을 수 있다는 점에 주의한다.

[표 6-3] 상속주택, 이농주택, 귀농주택

구분	요건
상속주택	피상속인이 취득 후 5년 이상 거주한 사실이 있는 주택
이농주택	농·어업에 종사하던 자가 전업으로 다른 시·구·읍·면으로 전출함으로써 거주자 및 그 배우자와 생계를 같이하는 가족 전부 또는 일부가 거주하지 못하게 되는 주택으로서 취득일로부터 5년 이상 거주한 사실이 있는 주택
귀농주택	농·어업에 종사하고자 하는 자가 취득해 세대 전원이 이사해 거주하는 고가주택이 아닌 주택으로 대지면적이 660㎡ 이내이고 ①~③ 중 어느 하나에 해당하는 주택 ① 1,000㎡ 이상의 농지 소유자가 해당 농지소재지에 있는 주택을 취득하는 것일 것 ② 1,000㎡ 이상의 농지를 소유하기 전 1년 이내에 해당 농지소재지에 있는 주택을 취득하는 것일 것 ③ 기획재정부령이 정하는 어업인이 취득하는 것일 것

2·3주택 이상자 ①
감면주택이 있다면 매도순서를 조절하라

김막둥 씨는 Ⓐ, Ⓑ, Ⓒ주택을 소유한 3주택자다. 혼자 양도세 계산이 어려워 Ⓑ→Ⓒ 순 또는 Ⓒ→Ⓑ 순으로 매도 시 양도세 차이를 세무사에게 문의했다. 세무사는 "Ⓑ→Ⓒ 순으로 매도하면 양도세(지방소득세 포함)는 총 1억 466만 5,000원이지만 Ⓒ→Ⓑ 순으로 매도하면 양도세(지방소득세 포함)는 총 5,285만 5,000원이야"라고 했다.

주택	취득 시기	소재지	양도차익	공시가격
Ⓐ	5년 전 취득한 양도세 감면주택 (1주택 판단 시 주택 수 제외)	조정대상지역	–	–
Ⓑ	5년 전	조정대상지역	2억 원	–
Ⓒ	5년 전	조정대상지역 이외	2억 원	4억 원

핵심개념

감면주택은 자신의 양도세 감면 외에 다른 주택의 양도세를 절세하게 한다.

양도세 감면 대상주택은 해당 주택을 매도 시 양도세를 감면받는 것 외에 여러 가지 추가 혜택이 존재한다. 감면 대상주택 중 중과세가 제외되는 주택도 있다. 감면주택과 일반주택이 있을 경우, 일반주택 매도 시 감면주택을 제외한 1주택으로 판단해 비과세를 받는 경우도 있다. 아울러 감면주택 등의 중과세 제외 주택과 일반주택이 있을 경우, 일반주택은 중과세 제외를 받을 수도 있다.

[표 6-4] 감면주택의 매도순서에 따른 양도세 세제혜택

양도세 감면과 중과세 제외	감면주택 매도 시 양도세 감면과 중과세 제외 (주의) 감면만 받고 중과세를 적용하는 주택도 있음
다른 주택의 비과세에 영향	1세대 1주택 비과세 판단 시 감면주택을 제외하고 판단 (주의) 감면주택을 주택 수에 포함해 1세대 1주택 비과세를 판단하는 주택도 있음
다른 주택의 중과세에 영향	감면주택 등의 중과세 제외 주택과 일반주택이 있을 경우 일반주택은 중과세 제외 (주의) 감면만 받고 중과세를 적용하는 주택도 있음

사례분석

감면주택이 있는 경우, 매도순서를 조절하면 양도세 절세 폭이 크다.

Ⓑ를 먼저 매도하면 Ⓑ는 3주택 중과세 대상으로 20%의 추가세율이 가산된다. 장기보유특별공제도 적용받지 못해 1억 466만 5,000원의 양도세를 내야 한다. Ⓒ를 먼저 매도하면 일반세율(6~42%)을 적용하고 10%의 장기보유특별공제도 적용받아 양도세는 5,285만 5,000원이다. Ⓒ→Ⓑ로 매도하면 Ⓑ는 비과세로 매도할 수 있다.

11
2·3주택 이상자 ②
임대등록의 양도세 절세효과는 하나가 아니다

김막둥 씨는 수도권에 있는 주택 ⒶⒶ와 Ⓑ를 소유한 2주택자다.

주택	취득시기	기준시가	전용면적	소재지	양도차익
Ⓐ	2014년	6억 원	80㎡	조정대상지역	5억 원
Ⓑ	2014년	6억 원	80㎡	조정대상지역	5억 원

주위에서 하도 임대등록을 해서 양도세를 절세해야 한다고 하니 정말 얼마나 절세효과가 있는지 세무사에게 문의했다. 세무사의 "Ⓐ를 2019년에 매도하면 양도세는 2억 4,568만 5,000원(지방소득세 포함)이지만, Ⓑ를 장기일반임대등록 또는 단기민간임대등록하고 Ⓐ에 2년 거주를 한 후 매도하면 Ⓐ는 양도세를 비과세 받을 수 있어"라는 답변을 듣고 구청으로 달려갔다.

핵심개념

임대등록의 절세효과를 정확하게 알고 활용하라.

임대등록의 양도세 절세혜택은 복잡하고 까다롭다. 그래서인지 단기민간임대주택으로 등록 또는 전용면적 $85m^2$를 초과하는 주택은 장기일반민간임대주택으로 등록해도 절세효과가 없다는 등 잘못된 정보가 넘친다. [표 6-5]와 같이 임대등록의 양도세 절세효과는 다양하다. 각각의 절세효과의 요건도 다르다. 따라서 소유주택 중 어떤 효과를 얻을 것인가에 따라 임대등록의 유형도 다를 수 있다.

[표 6-5] 임대등록 시 양도세 세제혜택

중과세 제외	일정 요건 충족한 임대주택을 5년 이상 임대 후 매도 시 중과세 제외
장기보유특별공제 특례	일정 요건 충족한 임대주택을 8년 이상 임대 후 매도 시 장기보유특별공제율 50%(10년 임대 시: 70%) 적용
다른 주택의 비과세에 영향	일정 요건 충족한 임대주택 외 1채에 대해 2년 이상 거주 후 매도 시 양도세 비과세
다른 주택의 중과세에 영향	일정 요건 충족한 임대주택과 감면주택 등의 중과세 제외 주택과 일반주택이 있을 경우, 일반주택은 중과세 제외

▶ 임대주택유형별 자세한 내용은 5부 참조.

사례분석

기준시가 6억 원 이하 주택도 단기민간임대주택 등록하면 절세효과 있다.

Ⓐ를 현 상태에서 매도하면 2주택 중과세로 10%의 추가 세율이 적용되고 장기보유특별공제도 적용받지 못해 2억 4,568만 5,000원(지방소득세 포함)의 양도세를 내야 한다. 그러나 Ⓑ를 단기민간임대주택 또는 장기일반민간임대주택으로 등록한 후 Ⓐ를 2년 이상 거주한 상태에서 매도한다면 Ⓐ는 양도세를 비과세 받을 수 있다.

2·3주택 이상자 ③
자녀 또는 배우자 증여로 양도세 절세하라

김막둥 씨는 Ⓐ, Ⓑ, Ⓒ를 모두 10년 전에 취득해 소유하고 있는 3주택자다. 가족은 아내와 따로 거주하는 결혼한 자녀가 있다.

주택	시세	기준시가	전용면적	소재지	양도차익	비고
Ⓐ	8억 원	4억 원	–	조정대상지역	4억 원	10년 전부터 거주
Ⓑ	6억 원	4억 원	80㎡	조정대상지역	3억 원	–
Ⓒ	–	2억 원	80㎡ (단독주택)	경기도 (읍·면 지역 아님)	–	부모 거주로 매도 불가

막둥 씨는 5년 후 Ⓐ와 Ⓑ주택을 매도하고 싶은데 Ⓐ의 양도세는 1억 9,068만 5,000원(지방소득세 포함), Ⓑ의 양도세(지방소득세 포함)는 1억 6,846만 5,000원이 발생한다고 해서 걱정이다.

세무사에게 절세방법을 문의했더니 "ⓑ를 아내에게 증여하고 ⓒ는 자녀 부부에게 증여한 다음 ⓑ를 5년 후 6억 원에 매도한 후 ⓐ를 매도하면 ⓑ는 양도세가 0원이고, ⓐ는 양도세를 비과세 받을 수 있어"라고 알려주었다.

핵심개념

상황에 따라 자녀 또는 배우자에게 증여해도 양도세 절세효과가 있다.

배우자에게는 10년간 6억 원 이내까지 증여해도 증여세가 없다. 따라서 배우자에게 6억 원까지 증여하고 5년 후 매도하면 양도세를 절세할 수 있다. 자녀에게 증여하면 5,000만 원을 넘는 금액에 대해 증여세를 납부하게 되지만 무주택 또는 1주택자로 별도세대인 자녀에게 증여하고 자녀가 비과세로 매도하면 양도세 절감효과를 얻을 수 있다. 단, 증여할 때 대출 등을 승계하는 부담부증여를 하면 양도세 중과세로 양도세 절세효과가 절감되거나 없을 수 있다.

사례분석

ⓑ를 아내에게 증여하면 ⓑ에 대한 증여세는 없고 취득세 등으로 1,520만 원이 발생한다. ⓒ를 자녀 부부에게 증여하면 증여세는 1,330만 원, 취득세는 760만 원이 발생한다. 증여하고 ⓑ를 5년 후 6억 원에 매도한 다음 ⓐ를 매도하면 ⓑ는 양도세가 0원이고, ⓐ는 양도세를 비과세 받는다. 증여하지 않고 ⓑ와 ⓐ를 매도할 때의 총 세금 3억 5,915만 원에 비해 큰 폭의 절세가 가능하다.

4부
—

분양권과 재개발·재건축 조합원입주권 양도세

7장

분양권과 조합원입주권
양도세 계산하기

분양권 양도세 ①
조정대상지역 여부에 따라 다르다

김막둥 씨와 친구 최장남 씨는 2년 전에 아파트를 분양계약했다. 막둥 씨와 장남 씨는 각자 1주택을 소유하고 있다.

아파트	납부 현황	소재지
막둥 씨의 Ⓐ분양권	분양대금 3억 원 중 1억 6,000만 원 납부	조정대상지역
장남 씨의 Ⓑ분양권	분양대금 3억 원 중 1억 6,000만 원 납부	조정대상지역이 아닌 지역

막둥 씨와 장남 씨는 세무사에게 현 상태에서 프리미엄 1억 원을 받고 매도하면 Ⓐ와 Ⓑ의 양도세는 얼마인지 물어보았다. Ⓐ와 Ⓑ 분양권의 중개수수료는 120만 원을 지불했다. 세무사는 "Ⓐ분양권의 양도세(지방소득세 포함)는 5,296만 5,000원이고, Ⓑ의 양도세는

2,068만 5,500원이야"라고 계산해주었다. 막둥이는 "차익이 같은데 왜 내 양도세가 많아?"라고 묻자 세무사는 "네 분양권이 조정대상지역에 있어 세율이 50%로 높아"라고 답해주었다.

핵심개념

양도세액=(양도차익−공제액)×세율

양도세는 먼저 판 가격에서 산 가격과 각종 비용을 차감해 양도차익을 계산한다. 그다음 양도차익에서 기본공제액을 차감한 금액에 세율을 곱하면 양도세액(산출세액)이 산출된다. 이때 양도세액의 10%에 상당하는 지방소득세를 추가로 내야 한다.

[그림 7-1] 양도세 계산구조

계산식	조정대상지역(Ⓐ)	2년 보유 후 매도 시(Ⓑ)	알아야 할 것
매도가격 −취득가격 −필요경비	2억 6,000만 원 1억 6,000만 원 120만 원	2억 6,000만 원 1억 6,000만 원 120만 원	실제 판 가격 실제 산 가격 중개수수료
=양도차익	**9,880만 원**	**9,880만 원**	
기본공제	250만 원	250만 원	기본공제: 1인당 연 250만 원
공제액	**250만 원**	**250만 원**	
(양도차익−공제액) ×세율	(9,880만 원−250만 원) ×(50%)	(9,880만 원−250만 원) ×(6~42%)	세율: 조정대상지역과 보유기간에 따라 다름
양도세액	4,815만 원	1,880만 5,000원	
지방소득세	**481만 5,000원**	**188만 500원**	지방소득세는 양도세의 10%에 상당하는 금액
총 세금	**5,296만 5,000원**	**2,068만 5,500원**	

사례분석

① 조정대상지역 내 분양권은 50%의 양도세율이 적용된다.

막둥 씨의 Ⓐ분양권은 조정대상지역에 소재해 양도세 세율이 50%
가 적용돼 양도세(지방소득세 포함)는 5,296만 5,000원이다. 장남 씨
의 Ⓑ분양권은 양도세 세율은 조정대상지역이 아니고 보유기간이
2년이 넘으므로 일반세율(6~42%)을 적용해 2,068만 5,500원의 양
도세를 내야 한다.

② 세율 적용과 양도세액 계산 방법이 있다.

조정대상지역 내 분양권은 원칙적으로 50%의 양도세율이 적용된
다. 그 외 일반분양권은 보유기간에 따라 양도세 세율이 적용된다.
1년 미만 보유했으면 무조건 50%를 적용하고, 1년 이상 2년 미만이

[표 7-1] 세율

소재지역	보유기간	과세표준(=양도차익−공제액)	세율
조정대상지역	–	–	50%
위 외 지역	1년 미만	–	50%
	1년 이상 2년 미만	–	40%
	2년 이상	1,200만 원 이하	6%
		1,200만 원 초과~4,600만 원 이하	15%
		4,600만 원 초과~8,800만 원 이하	24%
		8,800만 원 초과~1억 5,000만 원 이하	35%
		1억 5,000만 원 초과~3억 원 이하	38%
		3억 원 초과~5억 원 이하	40%
		5억 원 초과	42%

면 40%, 2년 이상이면 과세표준(=양도차익-공제액)을 [표 7-1]과 같이 구분해 해당 세율을 곱해 산출한다.

KEY POINT

☑ 양도차익 ☑ 양도세율 ☑ 조정대상지역 분양권

분양권 양도세 ②
조정대상지역인데 일반세율 적용하는 경우

30세인 김막둥 씨는 Ⓐ아파트, 32세인 최장남 씨는 Ⓑ아파트 분양
계약을 2년 전에 체결했다.

아파트	납부 현황	소재지	비고
Ⓐ분양권	분양대금 3억 원 중 1억 6,000만 원 납부	조정대상지역	1주택자
Ⓑ분양권	분양대금 3억 원 중 1억 6,000만 원 납부	조정대상지역	무주택, 추가 분양권 없음

막둥 씨와 장남 씨는 세무사에게 현 상태에서 프리미엄 1억 원을 받
고 매도하면 Ⓐ와 Ⓑ의 양도세는 얼마인지 물어보았다. Ⓐ와 Ⓑ분
양권의 중개수수료는 120만 원을 지불했다. 세무사는 "Ⓐ분양권의

양도세(지방소득세 포함)는 5,296만 5,000원, Ⓑ의 양도세는 2,068만 5,500원이야"라고 계산해주었다. 막둥이는 "차익도 같고 둘 다 조정대상지역인데 왜 장남이의 양도세가 적어?"라고 묻자 세무사는 "장남이는 무주택자로 다른 분양권도 없어서 일반세율을 적용하기 때문이야"라고 답해주었다.

핵심개념

양도 당시 주택과 다른 분양권이 없다면 조정대상지역이라도 일반세율을 적용받을 수 있다.

조정대상지역 내 분양권이라도 양도 당시 무주택이면서 다른 분양권이 없고 소유자가 30세 이상이거나, 무주택이면서 다른 분양권이 없고 소유자가 30세 미만이지만 결혼한 경우에는 50%가 아닌 일반세율을 적용받는다.

[표 7-2] 조정대상지역 내 분양권의 양도세 적용세율

구분	세율
① 무주택이면서 다른 분양권이 없고 30세 이상	일반세율: 보유기간에 따라 50%, 40%, 6~42%
② 무주택이면서 다른 분양권이 없고 30세 미만이지만 결혼한 경우(배우자가 사망하거나 이혼한 경우 포함)	
③ ①과 ② 이외	50%

사례분석

막둥 씨의 Ⓐ분양권은 조정대상지역에 소재하며, 1주택자이므로 양도세 세율이 50%가 적용돼 양도세(지방소득세 포함)는 5,296만

5,000원이다. 그러나 장남 씨의 ⑧분양권은 양도세 세율은 조정대상지역이지만 무주택이고 다른 분양권도 없으며 ⑧가 30세 이상이고 보유기간이 2년이 넘으므로 일반세율(6~42%)을 적용해 2,068만 5,500원의 양도세를 내야 한다.

0── KEY POINT

☑ 조정대상지역 내 분양권이라도 일반세율을 적용받는 사유

03

재개발·재건축 조합원입주권의
양도세 계산

김막둥 씨가 7년 전에 취득한 Ⓐ주택이 재건축이 진행돼 관리처분
계획인가가 났다. 막둥 씨는 2019년 4월 현재 Ⓐ 외에 2주택을 소유
하고 있다. 다음은 Ⓐ 관련 자료다.

주택	취득가격	매도가격	조합원 권리가격	청산금	비고
Ⓐ	2억 원	4억 원	2억 5,000만 원	5,000만 원	■ Ⓐ주택 취득 시 필요경비 500만 원 ■ 관리처분계획인가 후 매도까지 비용 500만 원

재건축 조합원입주권은 양도세 계산이 복잡하다고 해서 세무사에게
Ⓐ를 매도하면 양도세가 얼마인지 물어보았다. 세무사는 조합원입
주권은 관리처분인가일 전과 후로 구분해 양도세를 계산해야 하기

때문에 복잡하다면서 Ⓐ를 매도하면 양도세 3,102만 원과 지방소득세 310만 2,000원을 내야 한다고 알려주었다.

핵심개념

① 재개발과 재건축 주택은 관리처분계획인가일 이후부터 조합원입주권으로 변하고 양도세는 일반주택과 다르게 계산한다.

관리처분계획인가일 이후에 매도하는 재건축·재개발 대상주택은 주택이 아닌 조합원입주권으로 보는데, 양도세는 관리처분계획인가 전후로 구분해 계산한다. 관리처분계획인가 전은 주택으로, 관리처분계획인가 후는 입주권으로 구분해 양도세를 계산한다.

[그림 7-2] 조합원입주권 양도세 계산 ①

계산순서	실거래가	입주권 부분	종전주택 부분
양도차익 계산		총 매도가격 −권리가액 −납부한 청산금 +지급받는 청산금 −필요경비	권리가액 −종전주택의 취득가액 −종전주택의 필요경비
	양도차익(①+②)	입주권 양도차익 ①	종전주택 양도차익②
공제액 계산	장기보유특별공제 기본공제(250만 원)	공제 불가	종전주택 양도차익×공제율
	계		
양도세 산출세액 계산	일반세율 적용		

▶ 권리가액은 조합원지분평가액으로 종전주택에 대해 조합에서 평가한 금액이다.

② 입주권의 양도차익과 종전 부동산의 양도차익으로 구분해 계산하며, 장기보유특별공제는 종전부동산의 양도차익에 대해서만 적용한다.

[그림 7-2]와 같이 입주권의 양도차익과 종전주택의 양도차익으로 구분계산해야 한다. 입주권의 양도차익 계산 시 청산금(조합원부담금)을 납부한 경우에는 차감하고 청산금을 지급받는 경우에는 가산한다. 종전주택에 대한 장기보유특별공제는 종전주택의 취득일부터 관리처분계획인가일까지의 기간으로 판단한다.

사례분석

① 조합원입주권은 중과세를 적용받지 않는다.

사례에서 입주권 부분 양도차익 9,500만 원은 총 매도가격 4억 원에서 조합원지분평가액(권리가액) 2억 5,000만 원과 지급한 청산금

[그림 7-3] 조합원입주권 양도세 계산 ②

계산순서	실거래가	입주권 부분	종전부동산 부분
양도차익 계산		4억 원 -2억 5,000만 원 -5,000만 원 -500만 원	2억 5,000만 원 -2억 원 -500만 원
	1억 4,000만 원	9,500만 원	4,500만 원
공제액 계산	630만 원 250만 원	공제 불가	4,500만 원×14%
	880만 원		
양도세 산출세액 계산	1억 3,120만 원 ×(6~35%)		
	3,102만 원		

5,000만 원, 관리처분계획인가일 이후 필요경비 500만 원을 차감해 계산한다. 종전부동산의 양도차익 4,500만 원은 권리가액 2억 5,000만 원에서 종전주택의 취득가액 2억 원과 종전건물의 필요경비(취득세 등) 500만 원을 차감해 계산한다. 종전주택에 대한 장기보유특별공제는 종전주택의 취득일부터 매도일까지의 기간으로 판단하는 것이 아니라 취득일부터 관리처분계획인가일까지의 기간(7년)으로 판단한다. 조합원입주권의 양도세 계산 시 세율은 일반세율을 적용한다. 중과세는 적용하지 않는다.

② 재개발 또는 재건축 대상주택을 관리처분계획인가 전에 취득한 경우, 관리처분계획인가 후 매도하면 양도세가 일반주택에 비해 많다.
따라서 재개발과 재건축조합원입주권 비과세를 활용해 매도하거나, 재개발과 재건축 완성 후 매도할 때 양도세를 비교해 매도 시기를 결정하는 것도 고려한다.

KEY POINT

☑ 일반세율 적용   ☑ 입주권 양도차익과 종전주택 양도차익 구분

04
재개발·재건축 조합원입주권과 일반주택의 매도순서에 따른 양도세

김막둥 씨는 Ⓐ와 Ⓑ주택을 모두 3년 전에 취득해 소유하고 있다. Ⓐ주택은 취득일 2일 후 관리처분계획인가가 나서 현재 조합원입주권이다. Ⓐ와 Ⓑ 모두 조정대상지역에 소재하고 있고 양도차익은 4억 원 정도로 동일하다. Ⓐ와 Ⓑ 중 하나를 매도하고 싶어 세무사에게 어느 것을 먼저 매도해야 하는지 물어보았다. 그랬더니 "Ⓐ를 먼저 매도하면 양도세는 1억 3,640만 원(지방소득세 포함)이고, Ⓑ를 먼저 매도하면 1억 9,068만 5,000원의 양도세(지방소득세 포함)를 내야 해"라고 답변을 해주었다. 막둥 씨는 "양도차익이 동일하고 둘 다 조정대상지역인데 왜 그렇게 차이가 나?"라고 물으니 세무사는 "조합원입주권은 양도세 중과세를 적용받지 않기 때문이야" 하고 알려주었다.

핵심개념

입주권을 포함해서 중과세 여부를 판단한다.

재개발·재건축 조합원입주권과 일반주택을 소유하고 있는 경우, 입주권도 주택으로 보고 중과세를 판단한다. 다만, 중과세 적용은 일반주택을 매도할 때만 적용하고 입주권을 매도할 때는 일반세율을 적용한다. 따라서 일반주택과 입주권을 소유한 상태에서는 매도순서에 따라 양도세 차이가 클 수 있다. 예를 들어 일반주택 2채와 입주권 1개를 소유한 상태에서 모두 조정대상지역에 소재해 3주택 중과세 적용대상일 때, 일반주택을 먼저 매도하면 3주택 중과세를 적용받는다. 그러나 입주권을 먼저 매도하면 입주권은 일반세율을 적용하고 남은 주택들은 2주택이 되고, 그중 먼저 매도하는 주택은 2주택 중과세를 적용한다.

사례분석

일반주택은 중과세를 적용하더라도 조합원입주권은 일반세율을 적용받는다.

Ⓐ는 조합원입주권으로 매도하더라도 중과세가 아닌 일반세율을 적용하므로 양도세는 1억 3,640만 원이다. 그러나 Ⓑ를 먼저 매도하면 2주택 중과세로 10% 추가 세율을 적용하므로 양도세는 1억 9,068만 5,000원으로 증가한다.

0— KEY POINT

☑ 입주권은 일반세율　☑ 일반주택은 입주권 포함해 중과세 판단

05
재개발·재건축 완성 후
양도세 계산은 복잡하다

김막둥 씨가 7년 전에 취득한 Ⓐ주택이 재건축이 진행돼 관리처분계획인가가 났고 관리처분계획인가일로부터 4년이 지나 임시사용승인이 났다. 2019년 4월 현재 Ⓐ주택은 조정대상지역이 아닌 지역에 있고, Ⓐ주택 외에 2주택을 소유하고 있다. 다음은 Ⓐ 자료다.

주택	취득가격	매도가격	조합원 권리가격	청산금	비고
Ⓐ	2억 원	4억 원	2억 5,000만 원	5,000만 원	▪ Ⓐ주택 취득 시 필요경비 500만 원 ▪ 관리처분계획인가 후 매도까지 비용 500만 원

막둥 씨는 Ⓐ주택이 재건축으로 완성되었고 조정대상지역이 아니므로 장기보유특별공제율 14%를 적용받으면 양도세(지방소득세 포

함)는 2,900만 1,500원이라고 알고 있었는데, 주위에서 재건축으로 완성된 주택은 양도세 계산방법이 다르다고 해 세무사에게 물어보기로 했다. 세무사는 "양도세(지방소득세 포함)는 2,981만 원이야"라고 알려주었다.

핵심개념

청산금으로 취득한 부분과 종전주택 부분으로 구분해 양도세를 계산한다.

[그림 7-4]와 같이 청산금으로 취득한 부분의 양도차익과 종전주택의 양도차익으로 구분계산해야 한다. 입주권의 양도차익 계산 시 청산금(조합원부담금)을 납부한 경우에는 차감하고 청산금을 지급받는 경우에는 가산한다. 종전주택에 대한 장기보유특별공제는 종

[그림 7-4] 재건축·재개발 완성 후 양도세 계산 ①

계산순서	실거래가	청산금 부분	종전주택 부분
양도차익 계산		총 매도가격 −권리가액 −납부한 청산금 +지급받는 청산금 −필요경비	권리가액 −종전주택의 취득가액 −종전주택의 필요경비
	양도차익(①+②)	**청산금 부분 양도차익①**	**종전주택 양도차익②**
공제액 계산	장기보유특별공제 기본공제(250만 원)	청산금 부분 양도차익× 공제율	종전주택 양도차익× 공제율
	계		
양도세 산출세액 계산	일반세율 적용		

▶ 권리가액은 조합원지분평가액으로 종전주택에 대해 조합에서 평가한 금액이다.

전주택의 취득일부터 매도일까지의 기간, 청산금 부분의 장기보유특별공제는 관리처분계획인가일부터 매도일까지의 기간에 대해 적용한다.

사례분석

관리처분계획인가일과 조합원평가액 및 추가부담금 자료를 보관해야 양도세 계산을 할 수 있다.

사례에서 청산금 부분 양도차익 9,500만 원은 총 매도가격 4억 원에서 조합원지분평가액(권리가액) 2억 5,000만 원과 지급한 청산금 5,000만 원, 관리처분계획인가일 이후 필요경비 500만 원을 차감해 계산한다. 종전부동산의 양도차익 4,500만 원은 권리가액 2억 5,000만 원에서 종전주택의 취득가액 2억 원과 종전 건물의 필요경

[그림 7-5] 재건축·재개발 완성 후 양도세 계산 ②

계산순서	실거래가	입주권 부분	종전부동산 부분
양도차익 계산		4억 원 -2억 5,000만 원 -5,000만 원 -500만 원	2억 5,000만 원 -2억 원 -500만 원
	1억 4,000만 원	9,500만 원	4,500만 원
공제액 계산	1,750만 원 250만 원	9,500만 원×8%	4,500만 원×22%
	2,000만 원		
양도세 산출세액 계산	1억 2,000만 원 ×(6~35%)		
	2,710만 원		

206

비(취득세 등) 500만 원을 차감해 계산한다. 종전주택에 대한 장기보유특별공제는 종전주택의 취득일부터 매도일까지의 기간(11년)에 대해서 22%를 적용하고, 청산금 부분에 대한 장기보유특별공제는 관리처분계획인가일부터 매도일까지의 기간(4년)에 대해서 8%를 적용한다. 조합원입주권의 양도세 계산 시 세율은 일반세율을 적용한다. 조정대상지역이 아니므로 중과세를 적용하지 않는다.

🔑 KEY POINT

☑ 청산금 부분 양도차익과 종전주택 양도차익 구분

8장

조합원입주권 양도세
절세전략

01

1주택 소유자 ①
재개발·재건축이 진행될 경우

김막둥 씨는 2014년 6월에 취득한 ④주택이 재건축이 진행돼 2019년 2월 관리처분계획인가가 났다. 2019년 4월 현재 ④ 외에 다른 주택은 없는데 ④주택 조합원입주권을 매도하면 양도세를 비과세 받을 수 있는지 세무사에게 물어보았다. 세무사는 양도세를 비과세 받을 수 있다고 알려주었다.

핵심개념

조합원입주권의 취득 시기와 취득 시 조정대상지역 여부에 따라 양도세 비과세가 다르다.

① 2017년 8월 2일 이전에 취득한 주택 또는 2017년 8월 3일 이후 취득하고 취득 당시 조정대상지역이 아닌 주택이 관리처분계획인가가 난 경우

주택 취득일부터 관리처분계획인가일(인가일 전 철거한 경우에는 철거일)까지 2년 이상 보유했고 매도일 현재 다른 주택이 없다면 조합원입주권을 매도해 양도세 비과세를 받을 수 있다.

② 2017년 8월 3일 이후 취득하고 취득 당시 조정대상지역에 소재하는 주택이 관리처분계획인가가 난 경우

주택 취득일부터 관리처분계획인가일(인가일 전 철거한 경우에는 철거일)까지 2년 이상 보유하고 2년 이상 거주했으며, 매도일 현재 다른 주택이 없으면 조합원입주권을 매도할 때 양도세를 비과세 받을 수 있다.

사례분석

① 2017년 8월 2일 이전에 취득한 주택이 관리처분계획인가가 난 경우, 2년 이상 보유하면 양도세를 비과세 받을 수 있다.

막둥 씨는 Ⓐ를 2017년 8월 2일 이전에 취득했고 매도일 현재 다른 주택이 없으며, 취득일부터 관리처분계획인가일까지의 보유기간이 2년 이상이므로 매도하면 양도세를 비과세 받을 수 있다.

② 완성 후 매도 시 양도세 비과세

관리처분계획인가일 이전에 취득한 경우라면 재건축·재개발 이전 주택의 취득 시부터 완성 후 매도 시까지의 보유기간 및 거주기간

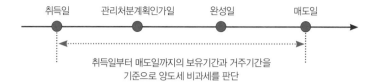

취득일　　관리처분계획인가일　　완성일　　매도일

취득일부터 매도일까지의 보유기간과 거주기간을
기준으로 양도세 비과세를 판단

을 인정받을 수 있다. 즉, 공사기간도 포함해 양도세 비과세를 판단
한다. 예를 들어 종전주택의 취득일부터 매도일까지의 기간이 2년
이 넘는다면 양도세를 비과세 받을 수 있다. 단, 2017년 8월 3일 이
후에 취득한 종전주택으로 취득 시 조정대상지역에 있었다면 종전
주택의 취득일부터 매도일까지의 기간이 2년이 넘고 그 기간 동안
2년 거주를 했어야 양도세 비과세를 적용받는다.

③ 관리처분계획인가일 이후 조합원입주권을 취득한 경우, 양도세 비과세

관리처분계획인가일 이후에 조합원입주권을 취득한 경우(승계조합
원)로서 완성 후 매도할 때 비과세 요건은 완성일로부터 매도일까
지의 기간 중 비과세 요건을 갖춰야 한다. 즉, 완성일로부터 매도일
까지의 기간이 2년 이상(2017년 8월 3일 이후 취득한 주택으로 취득 시
조정대상지역에 있었다면 2년 이상 거주 포함)이어야 양도세를 비과세
받을 수 있다.

02
1조합원입주권자가
1주택을 취득한 경우

김막둥 씨는 2014년 6월에 취득한 Ⓐ주택이 재건축이 진행돼 2019년 2월 관리처분계획인가가 났다. 막둥 씨는 2019년 4월에 Ⓑ 주택을 취득했다. Ⓐ주택 조합원입주권을 보유한 상태에서 다른 주택 Ⓑ를 취득한 경우, Ⓐ조합원입주권을 매도하면 양도세를 비과세 받을 수 있는지 세무사에게 물어보았다. 세무사는 "물론 받을 수 있어"라고 답변을 주었다.

핵심개념

조합원입주권도 일시적 2주택을 적용받을 수 있다.

일반주택을 먼저 취득한 주택의 관리처분계획인가일 이후 취득하고 일반주택 취득일로부터 3년 이내 조합원입주권을 매도하면 양도세를 비과세 받을 수 있다. 단, 매도하는 조합원입주권은 관리처분계획인가일 현재 1세대 1주택 비과세 요건(2년 이상 보유 또는 2년 이상 보유와 2년 이상 거주)을 충족해야 한다. 따라서 2017년 8월 3일 이후 취득한 주택이 관리처분계획인가가 났고 일반주택을 관리처분계획인가일 이후에 취득했다면, 조합원입주권은 종전주택 취득일부터 관리처분계획인가일(인가일 전 철거한 경우에는 철거일)까지 2년 이상 보유하고 2년 이상 거주하며 일반주택의 취득일로부터 3년 이내 조합원입주권을 매도하면 양도세를 비과세 받을 수 있다.

사례분석

2017년 8월 2일 이전 취득해 관리처분인가가 난 조합원입주권은 2년 거주를 하지 않아도 비과세를 받을 수 있다.

막둥 씨는 2017년 8월 2일 이전에 Ⓐ를 취득했고 매도일 현재 다른 주택이 없으며 취득일부터 관리처분계획인가일까지의 보유기간이 2년 이상이므로 Ⓑ주택 취득일로부터 3년 내 매도하면 양도세를 비과세 받을 수 있다.

03

1주택 소유자 ②
재개발·재건축 조합원입주권 매입할 경우

김막둥 씨는 2014년 6월에 취득한 Ⓐ주택을 소유한 상태에서 관리처분계획인가가 난 Ⓑ조합원입주권을 2019년 4월 취득했다. Ⓐ주택을 2020년 4월에 매도하면 양도세를 비과세 받을 수 있는지 세무사에게 문의했다. 세무사는 가능하다고 알려주었다.

핵심개념

일반주택의 매도 시기에 따라 비과세를 받을 수 있다.

일반주택을 소유하고 있는 상태에서 관리처분계획인가가 난 재건축 또는 재개발 조합원입주권을 매입할 계획이라면 어떻게 해야 양도세를 비과세 받을 수 있을까? 일반주택의 매도 시기에 따라 비과세를 받을 수 있는 경우는 다음의 2가지다.

216

① 일반주택(Ⓐ) 취득일로부터 1년이 지나 조합원입주권(Ⓑ)을 취득하고 조합원입주권 취득일로부터 3년 이내 매도한 경우

일반주택(Ⓐ)을 취득한 날로부터 1년 이내 조합원입주권(Ⓑ)을 취득한 경우, 조합원입주권 취득일로부터 3년 이내에 일반주택을 매도하면 양도세를 비과세 받을 수 있다. 이때 주의할 사항은 일반주택(Ⓐ)은 매도일에 1세대 1주택 비과세 요건을 갖춰야 한다. 일반주택을 2017년 8월 3일 이후 취득했고, 취득일에 주택조정대상지역에 있었다면 매도일에 2년 보유와 함께 2년 거주도 해야 한다.

② 일반주택(Ⓐ)을 조합원입주권(Ⓑ) 구입한 날로부터 3년 이내 매도하지 못한 경우

재건축(Ⓑ) 완성 후 2년 이내 재건축주택(Ⓑ)으로 세대 전원이 이사해 1년 이상 거주한 경우에 한해 일반주택(Ⓐ)을 매도하면 양도세 비과세 가능하다. 일반주택(Ⓐ)은 1세대 1주택 비과세 요건을 갖춰야 한다. 일반주택을 2017년 8월 3일 이후 취득했고, 취득일에 주택조정대상지역에 있었다면 매도일에 2년 보유와 함께 2년 거주도 해야 한다. 만약 재건축(Ⓑ) 완성 후 2년이 경과해 일반주택(Ⓐ)을 매도하는 경우에는 양도세를 내야 한다.

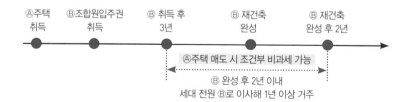

사례분석

조합원입주권 취득일로부터 3년 이내 매도하면 양도세 비과세 가능하다.

Ⓐ주택의 경우, 2년 이상 보유했고 Ⓑ의 취득일로부터 3년 이내 매도하므로 양도세를 비과세 받을 수 있다.

04
1주택 소유자 ③
재개발·재건축 사업시행기간 중
대체주택 취득해 매도할 경우

김막둥 씨는 나중에 재개발이 완성되면 입주할 계획으로 2016년 1월 재개발 대상 Ⓐ아파트를 구입했다. Ⓐ아파트의 사업시행인가일은 2016년 10월이고 완성 예정일은 2022년 2월이다. 막둥 씨는 재건축이나 재개발 진행 중 대체취득하는 주택은 양도세를 비과세 받을 수 있다는 얘기를 듣고 2019년 1월에 다른 주택(Ⓑ아파트)을 구입할 계획이다. 세무사에게 정확한 상담을 해보니 "Ⓑ는 대체주택으로 인정받아 일정요건을 갖춰 매도하면 양도세를 비과세 받을 수 있어"라는 답변을 듣고 Ⓑ를 매입했다.

핵심개념

3가지 요건을 모두 충족해야 대체주택으로 인정받는다.

재건축이나 재개발은 건물 멸실을 하고 공사가 시작되므로 조합원들은 거주할 다른 주택을 마련해야 한다. 현행 세법에서는 재건축·재개발사업시행기간 중 일시적인 이주 목적으로 취득한 주택에 대해 양도세를 비과세해주고 있다. 그렇다고 모든 주택에 대해 양도세를 비과세하는 것은 아니다. 다음의 요건을 모두 갖춰야 한다.

[그림 8-1] 사업시행기간 중 구입한 주택의 양도세 비과세

① 사업시행기간(사업시행인가일부터 완성일 이전)에 취득해 1년 이상 거주했을 것
② 재건축·재개발 완성 전 또는 완성 후 2년 이내 매도할 것
③ 준공일로부터 2년 이내 세대 전원이 재건축·재개발아파트로 이사해 1년 이상 거주할 것

사례분석

Ⓑ아파트를 Ⓐ주택의 완성일로부터 2년 이내 매도한다.

Ⓑ아파트를 2019년 1월 이후에 구입해 최소한 1년 이상 거주하고 Ⓐ아파트의 완성일로부터 2년 이내(2024년 1월 이전)에 매도하면 된다. 단, Ⓐ아파트 준공일로부터 2년 이내에 세대 전원이 Ⓐ아파트로 이사하고 Ⓐ아파트에 1년 이상 거주를 해야 한다.

상속·결혼·부모봉양과 조합원입주권 비과세

(1) 상속받은 조합원입주권과 일반주택을 보유한 경우 또는 상속주택과 조합원 입주권을 보유한 경우

1세대가 1조합원입주권을 상속받은 후 일반주택을 매도하면 상속받은 조합원입 주권을 제외하고 일반주택 1채만 소유한 것으로 판단해 1세대 1주택 비과세를 적용한다. 즉, 일반주택이 1주택 비과세 요건(2년 보유 등)을 갖췄다면 양도세를 비 과세 받을 수 있다. 단, 일반주택을 2017년 8월 3일 이후 취득했고, 취득일에 주 택조정대상지역에 있었다면 매도일에 2년 보유와 함께 2년 거주도 해야 한다.

(2) 동거봉양을 위해 부모와 세대를 합친 경우

1주택 또는 1조합원입주권 또는 1주택과 1조합원입주권을 소유한 자가 1주택 또 는 1조합원입주권 또는 1주택과 1조합원입주권을 소유한 직계존속으로 60세 이 상인 자와 합가해 1주택과 1조합원입주권, 2주택과 1조합원입주권, 2주택과 1조 합원입주권 또는 2주택과 2조합원입주권 소유 시, 합가일로부터 10년 이내 먼저 매도하는 주택은 1주택자 비과세 요건을 갖췄다면 양도세를 비과세 받을 수 있 다. 다만, 합친 날 이전에 1주택과 1조합원입주권을 소유하던 자가 소유주택을 먼 저 매도하는 경우 다음의 ㉮와 ㉯ 중 어느 하나의 요건을 갖춰야 한다.

[그림 8-2] 동거봉양을 위해 부모와 세대를 합친 경우

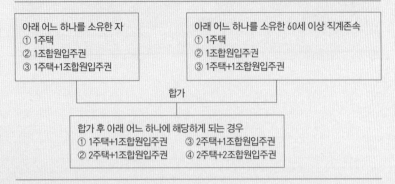

㉮ 합친 날 이전에 소유하던 조합원입주권이 도시및주거환경정비법 제48조 규정에 따른 관리처분계획의 인가로 인해 최초 취득된 조합원입주권인 경우, 최초양도주택이 그 주택재개발사업 또는 주택재건축사업의 시행기간 중 거주하기 위해 사업시행인가일 이후 취득된 것으로서 취득 후 1년 이상 거주했을 것

㉯ 합가 전 조합원입주권이 매매 등으로 승계취득된 경우, 최초양도주택이 합가 전 조합원입주권을 취득하기 전부터 소유하던 것일 것

또한 합친 날 이전에 1조합원입주권을 소유하던 자가 소유하던 1조합원입주권에 의해 주택재개발사업 또는 주택재건축사업의 관리처분계획에 따라 합친 날 이후에 취득하는 주택을 먼저 매도하는 경우에도 합가일로부터 10년 이내 1주택 비과세 요건을 갖춰 매도하면 양도세 비과세 혜택을 받을 수 있다.

(3) 혼인의 경우

1주택 또는 1조합원입주권 또는 1주택과 1조합원입주권을 소유한 자가 1주택 또는 1조합원입주권 또는 1주택과 1조합원입주권을 소유한 자와 혼인해 1주택과 1조합원입주권, 2주택과 1조합원입주권, 2주택과 1조합원입주권 또는 2주택과

[그림 8-3] 혼인의 경우

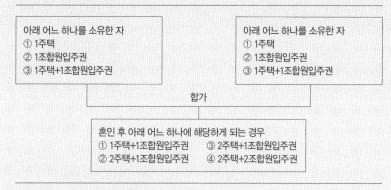

아래 어느 하나를 소유한 자
① 1주택
② 1조합원입주권
③ 1주택+1조합원입주권

아래 어느 하나를 소유한 자
① 1주택
② 1조합원입주권
③ 1주택+1조합원입주권

합가

혼인 후 아래 어느 하나에 해당하게 되는 경우
① 1주택+1조합원입주권 ③ 2주택+1조합원입주권
② 2주택+1조합원입주권 ④ 2주택+2조합원입주권

2조합원입주권을 소유하게 되는 경우, 혼인일로부터 5년 이내 먼저 매도하는 주택은 1주택자 비과세 요건을 갖췄다면 양도세를 비과세 받을 수 있다. 다만, 혼인일 이전에 1주택과 1조합원입주권을 소유하던 자가 소유주택을 먼저 매도하는 경우 다음의 ㉮와 ㉯ 중 어느 하나의 요건을 갖춰야 한다.

㉮ 혼인일 이전에 소유하던 조합원입주권이 도시및주거환경정비법 제48조 규정에 따른 관리처분계획의 인가로 인해 최초 취득된 조합원입주권인 경우, 최초양도주택이 그 주택재개발사업 또는 주택재건축사업의 시행기간 중 거주하기 위해 사업시행인가일 이후 취득된 것으로서 취득 후 1년 이상 거주했을 것

㉯ 혼인일 전 조합원입주권이 매매 등으로 승계취득된 경우, 최초양도주택이 합가 전 조합원입주권을 취득하기 전부터 소유하던 것일 것

또한 혼인일 이전에 1조합원입주권을 소유하던 자가 소유하던 1조합원입주권에 의해 주택재개발사업 또는 주택재건축사업의 관리처분계획에 따라 혼인일 이후에 취득하는 주택을 먼저 매도하는 경우에도 합가일로부터 5년 이내 1주택 비과세 요건을 갖춰 매도하면 양도세 비과세 혜택을 받을 수 있다.

5부

—

임대등록에 숨어 있는
절세 포인트

9장

취득세·보유세·임대소득세
절세

01

전용면적 60㎡ 이하:
임대등록 시 취득세 감면

김막둥 씨는 노후대비용으로 세금혜택이 많은 주택임대사업을 하기 위해 Ⓐ, Ⓑ, Ⓒ, Ⓓ주택 4채를 취득해 4채 모두 임대등록을 하려고 한다.

주택	주택 종류	전용면적	취득원인	취득가격
Ⓐ	단독주택	59㎡	기존 주택 매입	3억 원
Ⓑ	아파트	60㎡	분양권 전매	4억 원
Ⓒ	아파트	60㎡	기존 주택 매입	5억 원
Ⓓ	오피스텔	60㎡	최초 분양	5억 원

막둥 씨는 주택을 매입하면 취득세를 감면받을 수 있다고 해서 매입했는데 막상 구청에 확인해보니 Ⓓ주택만 취득세를 감면받을 수

있고 ⓘ주택도 취득세 전액이 아닌 취득세의 85%인 425만 원을 감면받는다는 애기를 들었다. ⓘ주택도 취득세를 감면받으려면 취득일로부터 60일 이내에 임대사업자등록을 해야 하며, 임대의무기간 내 매각 등을 하면 안 된다고 한다.

핵심개념

전용면적 60㎡ 이하인 아파트나 연립주택, 오피스텔 등의 공동주택을 최초로 분양받아 임대등록하면 취득세를 100% 감면받을 수 있다.

주택을 매입해 임대등록(단기민간임대주택등록 또는 장기일반민간임대주택등록)하면 무조건 취득세를 감면받을 수 있다고 오인하면 안 된다. [그림 9-1] 1~4단계의 대상주택과 전용면적 등의 조건을 모두 충족해야만 취득세를 100% 감면받는다. 단, 2021년 12월 31일까지 취득해야 감면받을 수 있다. 따라서 전용면적과 임대호수 등의 요건을 하나라도 갖추지 못하면 1~4단계 조건을 모두 충족한 경우에 해당되지 않아 취득세를 감면받을 수 없다.

[그림 9-1] 임대등록 시 취득세 감면 요건과 적용

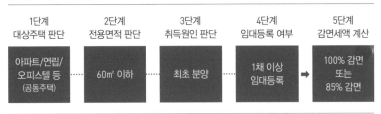

사례분석

① 취득세 감면 대상주택을 알아보자.

Ⓐ주택은 1단계 대상주택요건을 위반했고, Ⓑ주택은 공동주택에 해당하지만 분양권 전매 취득으로, Ⓒ주택은 이미 완성된 주택 취득으로 인해 3단계 요건을 위반해 임대등록을 하더라도 취득세 감면을 받지 못한다. Ⓓ주택만이 1~4단계의 요건을 모두 충족했으므로 임대등록하면 취득세를 감면받을 수 있다.

② Ⓓ주택의 취득세 감면액이 100%가 아닌 이유가 있다.

Ⓓ주택은 취득세 500만 원(=5억 원의 1%)을 감면받아야 하지만 취득세 감면세액이 200만 원을 초과하므로 425만 원(=500만 원×85%)을 감면받고 75만 원(=500만 원×15%)은 부담해야 한다.

[그림 9-2] 임대주택의 취득세 감면액 계산

취득세 감면액 200만 원 이하	➡	전액(100%) 감면
취득세 감면액 200만 원 초과	➡	감면액의 85% 감면, 15%는 납부

③ 취득일로부터 60일 이내까지 임대사업자등록을 해야 감면받는다.

여기서 취득일은 분양계약일이 아니라 아파트 취득일이다. 아파트의 취득일은 분양대금을 건물 완성 후 완납하면 분양대금 완납일이지만, 건물이 완성되기 전에 분양대금을 완납한 경우에는 임시사용승인일과 사실상 사용일 및 사용승인서 교부일 중 빠른 날이 된다.

④ 임대의무기간 내 매각 또는 임대 외 용도로 사용하지 않아야 한다.

임대의무기간에 임대 외 용도로 사용하거나 매각 또는 증여하는 경우, 감면된 취득세를 추징한다. 다만, 임대사업자가 부도, 파산, 그 밖의 경제 사정 등으로 임대를 계속할 수 없는 경우 또는 임대 개시 후 해당 주택의 임대의무기간의 2분의 1이 지난 경우로서 임대사업자와 임차인이 해당 임대주택의 분양전환에 합의해 시장·군수 또는 구청장에게 신고하고 임차인에게 분양전환하는 경우에는 임대의무기간 내 매각할 수 있으며 감면된 취득세를 추징하지 않는다.

⑤ 오피스텔은 주거를 위한 별도 시설을 갖췄는지 확인하라.

전용면적 60㎡ 이하인 오피스텔은 최초 분양받더라도 취득세를 감면받지 못할 수 있다. '상하수도 시설이 갖춰진 전용입식 부엌, 전용 수세식 화장실 및 목욕 시설'을 갖춘 오피스텔에 한해 감면을 적용하기 때문이다.

02
전용면적 60㎡ 초과 85㎡ 이하:
취득세 감면받기 힘든 이유

세 친구 김막둥 씨와 최장남 씨, 이차남 씨는 아파트를 최초 분양받았다. 전용면적 $60\,m^2$ 초과 $85\,m^2$ 이하인 주택이라도 장기일반민간주택으로 등록하면 취득세를 감면받을 수 있다는 얘기를 듣고 구청에 취득세를 감면받으러 갔다.

구분	전용면적	구입 수	1채당 분양가격	비고
막둥 씨	80㎡	8채	3억 원	–
장남 씨	80㎡	20채	3억 원	–
차남 씨	80㎡	3채	3억 원	기존 임대주택 18채 소유

그런데 구청에서 "김막둥 씨는 감면을 못 받습니다. 최장남 씨는 20채의 취득세를 감면받을 수 있고 취득세 감면액은 총 3,000만 원

입니다. 이차남 씨는 1채에 대해 150만 원의 취득세를 감면받습니다"라는 답변을 들었다.

핵심개념

전용면적 60㎡ 초과 85㎡ 이하인 공동주택은 20채 이상을 최초로 분양받아 장기일반민간임대등록해야 취득세를 50% 감면받을 수 있다.

전용면적이 $60\,m^2$ 초과 $85\,m^2$ 이하인 공동주택(아파트, 연립주택, 다세대주택, 오피스텔)을 최초로 분양받아 취득일로부터 60일 이내에 장기일반민간임대등록(8년 이상 임대)하면 취득세를 50% 감면받는다. 다만, 2021년 12월 31일까지 취득해야 감면받을 수 있다. 따라서 전용면적과 임대호수 등의 요건을 하나라도 갖추지 못하면 [그림 9-3]의 1~4단계 조건을 모두 충족한 경우에 해당되지 않아 취득세를 감면받을 수 없다.

[그림 9-3] 임대등록 시 취득세 감면 요건과 적용

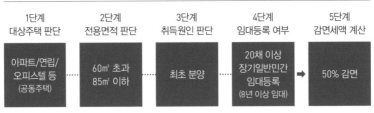

사례분석

20채 미만인 상태에서 추가 취득해 등록한 주택이 20채 이상이면 20채를 넘는 주택들만 감면받는다.

김막둥 씨는 임대주택이 20채 미만이므로 4단계 요건을 위반해 감면을 받지 못한다. 최장남 씨는 모든 요건을 충족했으므로 20채 전부 취득세의 50%를 감면받는다. 장남 씨는 1채당 150만 원(=3억 원×1%×50%)의 취득세를 감면받을 수 있으며, 총 3,000만 원(=150만 원×20채)의 취득세를 감면받는다. 이차남 씨처럼 기존 임대주택이 20호 미만이었다가 추가 취득으로 20채가 넘으면 20채를 넘는 주택들만 취득세를 감면받는다. 따라서 ⓒ는 1채만 감면 대상이며, 감면액은 150만 원이다.

TIP

임대주택 취득세 감면 포인트

임대주택에 대한 취득세 감면은 임대사업자의 유형(건설임대사업자와 매입임대사업자)과 전용면적 및 임대주택의 호수 등에 따라 다르다. 임대등록 후 임대의무기간도 다르다. 주택을 건축해서 임대하는 사업자를 건설임대사업자라 하며, 해당 임대주택을 건설임대주택이라 한다. 건설임대주택 중 아파트와 연립 등의 공동주택은 다음과 같이 전용면적 등에 따라 취득세를 감면받을 수 있다. 단, 2021년 12월 31일까지 취득해야 감면받을 수 있다.

(1) 아파트와 연립 등 공동주택을 건축해 임대등록할 경우

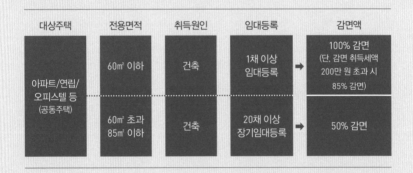

대상주택	전용면적	취득원인	임대등록	감면액
아파트/연립/오피스텔 등 (공동주택)	60㎡ 이하	건축	1채 이상 임대등록 →	100% 감면 (단, 감면 취득세액 200만 원 초과 시 85% 감면)
	60㎡ 초과 85㎡ 이하	건축	20채 이상 장기임대등록 →	50% 감면

(2) 아파트와 연립 등 공동주택을 최초 분양받아 임대등록할 경우

대상주택	전용면적	취득원인	임대등록	감면액
아파트/연립/ 오피스텔 등 (공동주택)	60㎡ 이하	최초 분양	1채 이상 임대등록	100% 감면 (단, 감면 취득세액 200만 원 초과 시 85% 감면)
	60㎡ 초과 85㎡ 이하	최초 분양	20채 이상 장기임대등록	50% 감면

03
전용면적 85㎡ 이하:
단기민간임대등록 시 재산세 감면

세 친구 김막둥 씨와 최장남 씨, 이차남 씨는 단기민간임대주택으로 등록하면 재산세를 감면받을 수 있다는 얘기를 듣고 임대등록을 하려고 한다.

구분	전용면적	주택형태	임대등록 수	공시가격
막둥 씨	60㎡	아파트	1채	4억 원
장남 씨	84㎡, 90㎡	단독주택, 아파트	2채	–
차남 씨	60㎡, 80㎡	아파트	2채	4억 원, 6억 원

임대등록을 하기 전에 세무사에게 재산세 감면이 얼마나 되는지 물어보자는 장남 씨의 말에 함께 친구를 찾아갔다. 세무사는 "막둥이와 장남이는 단기민간임대등록을 해도 재산세 감면을 받을 수 없

어. 차남이만 감면받아"라는 말을 듣고 장남 씨와 막둥 씨는 임대등록을 포기했다.

핵심개념

전용면적 85㎡ 이하인 공동주택을 단기민간임대등록하면 재산세를 25~50% 감면받을 수 있다.

공동주택(아파트/연립주택/다세대주택)과 오피스텔을 매입 또는 건축해 과세기준일(6월 1일) 현재 임대목적에 2채 이상 직접 사용하는 경우, 전용면적에 따라 [표 9-1]과 같이 재산세를 2021년 12월 31일까지 감면한다. 공동주택과 오피스텔을 임대주택으로 등록해 재산세를 감면받는 경우, 종합부동산세도 동일하게 감면받을 수 있다. 종합부동산세 계산 시 공시가격에서 감면 비율만큼 차감한다.

[표 9-1] 공동주택과 오피스텔의 단기민간임대 시 재산세 감면

전용면적	임대의무기간	임대호수	재산세 감면	비고
60㎡ 이하	4년 이상	2세대 이상	50%	지방교육세, 도시지역분재산세 감면
60㎡ 초과 85㎡ 이하	4년 이상	2세대 이상	25%	지방교육세 감면

사례분석

임대등록된 공동주택과 오피스텔이 총 1채이면 재산세를 감면받지 못한다.

막둥 씨와 장남 씨는 임대용 공동주택이 1채이므로 재산세를 감면받지 못한다. 차남 씨는 임대용 공동주택이 2채이므로 전용면적 $60m^2$인 아파트는 재산세와 지방교육세 및 도시지역분재산세 총

84만 원에서 50%를 감면받아 42만 원, 전용면적 $80\,m^2$인 아파트는 재산세/지방교육세/도시지역분재산세 총 147만 6,000원에서 재산세와 지방교육세 25%를 감면받아 123만 3,000원을 내면 된다.

04
전용면적 85㎡ 이하: 장기일반민간임대등록 시 재산세 감면

세 친구 김막둥 씨와 최장남 씨, 이차남 씨는 장기일반민간임대주택으로 등록하면 재산세 감면이 크다는 정보를 듣고 임대등록을 하려고 한다.

구분	전용면적	주택형태	임대등록 수	비고
막둥 씨	60㎡, 40㎡	아파트, 오피스텔	2채	-
장남 씨	84㎡, 90㎡	단독주택, 아파트	2채	-
차남 씨	40㎡, 60㎡	아파트	2채	공시가격 4억 원, 6억 원

임대등록을 하기 전에 세무사에게 재산세 감면이 정말 큰지 물어보기로 했다. 세무사는 "장남이는 장기일반민간임대등록을 해도 재산세 감면을 받을 수 없어. 막둥이는 2채 모두 50%씩 감면받을 수 있

고. 차남이의 재산세 감면이 가장 커. 1채는 100%, 다른 1채는 75%를 감면받아"라는 말을 듣고 세 친구의 표정이 엇갈렸다.

핵심개념

장기일반민간임대주택의 재산세 감면은 공동주택과 오피스텔을 구분해 적용한다.

① **공동주택 2채 이상 또는 오피스텔 2채 이상: 50~100% 감면**

공동주택(아파트/연립주택/다세대주택) 2채 이상 또는 오피스텔 2채 이상을 매입 또는 건축해 과세기준일(6월 1일) 현재 장기일반민간임대주택으로 직접 사용하면 전용면적에 따라 [표 9-2]와 같이 재산세를 2021년 12월 31일까지 50~100% 감면한다.

[표 9-2] 공동주택 2채 이상 또는 오피스텔 2채 이상 장기일반민간임대 시 재산세 감면

전용면적	임대의무기간	임대호수	재산세 감면	비고
40㎡ 이하	8년 이상	2세대 이상	100%(단, 재산세액이 50만 원 초과 시 85% 감면)	지방교육세, 도시지역분재산세 감면
40㎡ 초과 60㎡ 이하	8년 이상	2세대 이상	75%	
60㎡ 초과 85㎡ 이하	8년 이상	2세대 이상	50%	지방교육세 감면

② **공동주택 2채 미만 또는 오피스텔 2채 미만: 25% 또는 50% 감면**

공동주택이 2채 이상이거나 오피스텔이 2채 이상일 경우에 한해 50~100%를 감면받을 수 있는데, 공동주택 1채와 오피스텔 1채이면 단기민간임대주택처럼 25% 또는 50%의 감면만 받을 수 있다.

[표 9-3] 공동주택과 오피스텔의 단기민간임대 시 재산세 감면

전용면적	임대호수	재산세 감면	비고
60㎡ 이하	2세대 이상	50%	지방교육세, 도시지역분재산세 감면
60㎡ 초과 85㎡ 이하	2세대 이상	25%	지방교육세 감면

사례분석

① 임대등록해도 재산세를 감면받지 못하는 이유가 있다.

막둥 씨는 장기일반민간임대주택으로 등록한 공동주택과 오피스텔이 각각 2채 미만이므로 재산세를 50% 감면받는다. 장남 씨는 공동주택이 2채 미만이므로 재산세를 감면받지 못한다. 차남 씨는 임대용 공동주택이 2채 이상이므로 전용면적 $60\,m^2$인 아파트는 75%, 전용면적 $40\,m^2$인 아파트는 100% 감면받는다.

② 전용면적 40㎡ 이하 아파트는 재산세 감면액율이 100%가 아닌 85%가 될 수 있다.

재산세 감면액이 50만 원 이하이면 100%를 감면받지만 감면액이 50만 원을 초과하면 감면액의 85%를 제외한 15%는 납부해야 한다.

[그림 9-4] 장기일반민간임대주택의 재산세 감면액 계산

재산세 감면액 50만 원 이하	➡	전액(100%) 감면
재산세 감면액 50만 원 초과	➡	감면액의 85% 감면, 15%는 납부

05
다가구주택:
까다로운 재산세 감면

세 친구 김막둥 씨와 최장남 씨, 이차남 씨는 다가구주택을 임대주택으로 등록하면 재산세를 감면받을 수 있다는 얘기를 듣고 임대등록하려고 한다.

구분	임대주택	가구 수	전용면적
막둥 씨	단기민간임대	11	40㎡
장남 씨	장기일반민간임대	11	40㎡(10가구), 45㎡(1가구)
차남 씨	장기일반민간임대	11	40㎡

임대등록을 하기 전에 세무사에게 재산세 감면이 얼마나 되는지 물어보기로 했다. 세무사는 "다가구주택의 재산세 감면은 까다로워. 임대주택으로 등록하다고 해서 모두 재산세를 감면받는 건 아니야.

막둥이와 장남이는 재산세를 감면받을 수 없어. 차남이만 감면받을 수 있어"라는 말을 듣고 막둥 씨와 장남 씨는 실망한 표정을 지었다.

핵심개념

모든 가구의 전용면적이 40㎡ 이하이고 건축물대장에 호수별로 전용면적이 구분돼 기재돼 있는 다가구주택을 장기일반민간임대주택으로 등록하면 재산세를 100% 감면받는다.

모든 가구의 전용면적이 $40m^2$ 이하인 다가구 주택을 매입 또는 건축해 과세기준일(6월 1일) 현재 장기일반민간임대주택으로 직접 사용하면 재산세를 2021년 12월 31일까지 100% 감면한다.

[표 9-4] 다가구주택의 장기일반민간임대 시 재산세 감면

전용면적	임대의무기간	재산세 감면	비고
40㎡ 이하	8년 이상	100%(단, 재산세액이 50만 원 초과 시 85% 감면)	지방교육세, 도시지역분재산세 감면

사례분석

1가구라도 전용면적 40㎡를 초과하면 다가구 전체를 감면받지 못한다.

막둥 씨는 장기일반민간임대주택이 아니므로 재산세를 감면받지 못한다. 장남 씨는 전용면적 기준미달로 재산세를 감면받지 못한다. 차남 씨는 모든 가구의 전용면적이 $40m^2$ 이하이므로 100% 감면받는다. 이때 재산세 감면액이 50만 원을 초과하면 감면액 중 15%는 납부해야 한다.

지금 단기민간임대주택 등록 시 종합부동산세 절세혜택

김막둥 씨와 친구 최장남 씨는 종합부동산세가 걱정이 돼서 소유 주택을 단기민간임대등록하면 절세혜택을 볼 수 있는지 세무사에 게 물어보았다.

구분	전용면적	주택형태	주택 수	공시가격
막둥 씨	60㎡, 40㎡	아파트, 오피스텔	2채	–
장남 씨	40㎡, 60㎡	아파트	2채	4억 원, 6억 원

세무사는 "막둥이는 종합부동산세 절세혜택을 받지 못해. 장남이 는 단기민간임대주택으로 등록해도 종합부동산세 합산배제 효과 는 없지만 재산세 감면으로 종합부동산세가 줄어드는 절세효과는 얻을 수 있어"라고 두 친구에게 예상외의 답변을 해주었다.

핵심개념

전용면적 85㎡ 이하인 공동주택 또는 오피스텔을 합해 2채 이상을 단기임대등록하면 종합부동산세 절세혜택은 있다.

2018년 4월 1일 이후 단기민간임대등록하면 종합부동산세 합산배제는 받지 못한다. 그렇지만 공동주택과 오피스텔을 총 2채 이상 단기민간임대주택으로 등록하면 재산세를 감면받는데, 종합부동산세 계산 시 공시가격에서 감면 비율만큼 차감한다. 따라서 종합부동산세가 줄어드는 절세효과가 발생한다. 단, 2018년 9월 14일 이후 취득한 주택은 단기민간임대등록해 재산세를 감면받더라도 종합부동산세 절세효과를 볼 수 없다. 이유는 종합부동산세 계산 시 감면비율만큼 차감하지 않기 때문이다.

[표 9-5] 공동주택과 오피스텔의 단기민간임대 시 재산세 감면

전용면적	임대의무기간	임대호수	종합부동산세 합산배제 여부	재산세 감면으로 인한 종합부동산세 절세
60㎡ 이하	4년 이상	2세대 이상	합산과세	재산세 50% 감면 ➡ 종합부동산세 공시가격 50% 차감
60㎡ 초과 85㎡ 이하	4년 이상	2세대 이상	합산과세	재산세 25% 감면 ➡ 종합부동산세 공시가격 25% 차감

사례분석

임대등록주택이 2채 미만이면 종합부동산세 절세효과는 없다.

막둥 씨는 임대등록한 공동주택이 1채이므로 재산세를 감면받지 못한다. 또한 2018년 4월 1일 이후 단기임대등록한 주택은 종합부

동산세 합산배제도 적용받지 못하고 종합부동산세 과세 대상에 포함된다. 장남 씨가 등록한 2채는 종합부동산세 과세 대상에 포함되지만, 재산세 감면 비율만큼 종합부동산세 공시가격에서 차감하므로 종합부동산세가 줄어드는 절세효과가 있다.

07

지금 임대등록해 종합부동산세 합산배제 받을 수 있는 주택

김막둥 씨는 Ⓐ, Ⓑ, Ⓒ, Ⓓ주택 4채를 소유하고 있는데 종합부동산세 걱정으로 잠을 이루지 못하고 있다. 세무사에게 종합부동산세 계산을 전화로 의뢰했더니 1,413만 1,830원이 나온다는 말을 들었기 때문이다.

주택	취득 시기	2019년 4월 현재 기준시가	소재지
Ⓐ	2015년 3월 3일 매입	6억 원	서울
Ⓑ	2015년 3월 3일 매입	6억 원	부산
Ⓒ	2018년 12월 15일(2018년 9월 14일 매매계약)	6억 원	서울
Ⓓ	2018년 12월 15일(2018년 10월 10일 매매계약)	3억 원	경기도 의정부시

고민 끝에 며칠 후 세무사를 찾아가 절세방법을 문의했더니 "Ⓐ와

ⓘ주택은 장기일반임대주택으로 등록하면 종합부동산세가 합산 배제돼서 2019년 종합부동산세는 임대등록하지 않은 경우에 비해 1,076만 1,370원을 절세할 수 있어"라는 답변을 듣고 장기간 매매를 하지 못한다는 단점이 있지만 그래도 낫다는 생각에 임대등록을 하기로 했다.

핵심개념

기준시가 6억 원(수도권 외 지역 3억 원) 이하이면서 2018년 9월 13일 이전 취득했거나 2018년 9월 14일 이후 취득했더라도 조정대상지역이 아니라면 종합부동산세 합산배제를 적용받을 수 있다.

2018년 9월 13일 이전 취득한 주택이라면 수도권(서울/경기도/인천)은 기준시가 6억 원, 수도권 외는 기준시가 3억 원 이하이면 장기일반임대주택으로 등록 시 종합부동산세를 합산배제한다. 단,

[표 9-6] 종합부동산세 합산배제 판단 기준

소재지	기준시가	취득 시기	조정대상지역 여부	종합부동산세 합산배제 여부
수도권	6억 원 이하	2018년 9월 13일 이전 취득	–	합산배제
		2018년 9월 14일 이후 취득	조정대상지역(×)	합산배제
			조정대상지역(○)	합산과세
	6억 원 초과	–	–	합산과세
수도권 외 지역	3억 원 이하	2018년 9월 13일 이전 취득	–	합산배제
		2018년 9월 14일 이후 취득	조정대상지역(×)	합산배제
			조정대상지역(○)	합산과세
	3억 원 초과	–	–	합산과세

▶ 합산배제를 받으려면 임대보증금 또는 임대료의 연 증가율이 5%를 넘지 않아야 한다.

2018년 9월 13일 이전에 매매계약을 하고 계약금을 지급한 다음 취득한 주택도 2018년 9월 13일 이전에 취득한 주택으로 본다. 그러나 2018년 9월 14일 이후 취득한 주택은 기준시가 외에 소재지역이 조정대상지역인가에 따라 과세 여부가 달라진다. 조정대상지역에 소재하면 기준시가가 6억 원(수도권 외 지역 3억 원) 이하라도 종합부동산세 과세 대상이 된다. 2018년 9월 14일 이후 취득했으나 조정대상지역이 아니라면 종합부동산세 합산배제를 적용받는다.

사례분석

① 2018년 9월 14일 이후 취득하고 조정대상지역이 아닌 경우, 장기일반민간임대주택으로 등록하면 종합부동산세 합산배제 된다.

Ⓑ는 기준시가 초과로, Ⓒ는 취득 시기와 조정대상지역 때문에 장기일반민간임대주택으로 임대등록해도 종합부동산세 과세 대상이 된다. Ⓐ와 Ⓓ는 장기일반민간임대주택으로 등록하면 종합부동산세를 합산배제 한다.

② 종합부동산세 합산배제의 절세효과는 매년 발생한다.

4채를 모두 임대등록하지 않았을 때의 2019년 종합부동산세(농어촌특별세 포함)는 1,413만 1,830원이다. 그런데 Ⓐ와 Ⓓ를 장기일반민간임대주택으로 등록하면 2019년 종합부동산세는 337만 460원으로 2019년도 한 해에만 1,076만 1,370원이 절세된다.

08
매입임대주택보다 건설임대주택이
종합부동산세 합산배제하기 쉽다

김막둥 씨는 Ⓐ, Ⓑ, Ⓒ 3채를 건축해 소유하고 있다. 3채 모두 전용면적 $84m^2$이다.

주택	취득 시기	기준시가	소재지
Ⓐ	2015년 3월 3일 건축	6억 원	서울
Ⓑ	2015년 3월 3일 건축	6억 원	부산
Ⓒ	2018년 12월 15일 건축 (2018년 9월 14일 매매계약)	6억 원	경기도 분당 (조정대상지역)

장기일반민간임대주택으로 등록하면 종합부동산세 합산배제를 받을 수 있는지와 종합부동산세 절세효과가 얼마나 되는지 세무사에게 문의했다. 세무사는 Ⓐ, Ⓑ, Ⓒ 모두 장기일반임대주택으로 등록

하면 종합부동산세 합산배제 되며, 2019년 종합부동산세는 임대등록하지 않은 경우에 비해 1,001만 7,480원 절세된다고 했다.

핵심개념

기준시가 6억 원 이하, 전용면적 149㎡ 이하인 주택을 2채 이상 건축해 장기일반민간임대주택으로 등록하면 종합부동산세 합산배제를 받을 수 있다.

건설임대주택은 매입임대주택과 달리 조정대상지역이나 취득 시기와 상관없이 기준시가 6억 원 이하, 전용면적 $149m^2$ 이하인 주택 2채를 건축해 장기일반민간임대주택으로 등록하면 종합부동산세 합산배제를 적용받는다.

[표 9-7] 건설임대주택의 종합부동산세 합산배제 판단 기준

면적	기준시가	임대 호수	임대기간	종합부동산세 합산배제 여부
수도권 149㎡ 이하	6억 원 이하	2호 이상	8년 이상	합산배제

▶ 합산배제를 받으려면 임대보증금 또는 임대료의 연 증가율이 5%를 넘지 않아야 한다.

사례분석

① 2018년 9월 14일 이후 취득했더라도 조정대상지역 여부와 상관없이 장기일반민간임대주택으로 등록하면 종합부동산세 합산배제 된다.

Ⓐ, Ⓑ, Ⓒ는 기준시가와 전용면적이 요건에 부합한다. 따라서 세 주택 모두 장기일반민간임대주택으로 임대등록하면 종합부동산세를 합산배제 한다.

② 종합부동산세 합산배제의 절세효과는 매년 발생한다.

3채를 모두 임대등록하지 않았을 때의 2019년 종합부동산세(농어촌특별세 포함)는 1,001만 7,480원이다. 그런데 Ⓐ, Ⓑ, Ⓒ를 모두 장기일반민간임대주택으로 등록하면 2019년 종합부동산세는 0원으로 2019년도에만 1,001만 7,480원이 절세된다.

09

임대수입 2,000만 원 이하:
임대등록으로 소득세와 건강보험료 혜택

김막둥 씨는 Ⓐ, Ⓑ 2채를 소유하고 있고 연 임대수입금액은 2,000만 원 이하다.

주택	전용면적	기준시가	월세	보증금
Ⓐ	84㎡	6억 원	80만 원	3억 원
Ⓑ	90㎡	6억 원	80만 원	3억 원

2채 모두 임대등록하면 소득세와 건강보험료를 감면받을 수 있다는 얘기를 듣고 세무사에게 물어보았다. 세무사는 "Ⓑ는 소득세를 감면받지 못해. Ⓐ는 임대등록하면 소득세 30% 또는 75%를 감면받을 수 있어. 다만, Ⓐ와 Ⓑ 모두 임대등록으로 수입금액의 60%를

필요경비로 공제받을 수 있으며, 건강보험료도 40% 또는 80% 공제받을 수 있어서 임대소득세와 건강보험료를 절세할 수 있어"라고 알려주었다.

핵심개념

① 기준시가 6억 원 이하, 전용면적 85㎡ 이하인 주택을 임대등록하는 경우 소득세와 건강보험료 감면혜택을 동시에 받을 수 있다.

연 임대수입이 2,000만 원 이하인데 기준시가 6억 원 이하이고 전용면적 85㎡ 이하인 주택을 장기일반민간임대등록하면 소득세 75%와 건강보험료 80%를 감면받고, 단기민간임대주택으로 등록하면 소득세 30%와 건강보험료 40%를 감면받는다. 또한 임대등록 시 수입금액의 60%를 필요경비로 공제받을 수 있다. 필요경비 공제 외에 추가로 400만 원(임대 외 소득금액이 2,000만 원 초과 시 0원)을 공제받을 수 있다.

[표 9-8] 주택 임대수입 2,000만 원 이하, 임대등록 시 소득세와 건강보험료 혜택

면적	기준시가	임대주택	소득세 감면	소득세 계산 시 공제액	건강보험료 감면
85㎡ 이하	6억 원 이하	장기일반민간임대	75%	필요경비 60% 공제 공제액 400만 원	80%
		단기민간임대	30%		40%
85㎡ 초과 또는 기준시가 6억 원 초과		장기일반민간임대	감면 불가		80%
		단기민간임대			40%

② 기준시가 6억 원 초과 또는 전용면적 85㎡ 초과하는 주택을 임대등록하는 경우, 필요경비 60% 공제와 건강보험료 감면혜택을 받을 수 있다.

기준시가 6억 원을 초과하거나 전용면적 85㎡ 초과하는 주택을 임대등록하면 소득세 감면은 받지 못하지만 건강보험료 40% 또는 80% 감면과 소득세 계산 시 수입금액의 60%를 필요경비로 공제받을 수 있다. 필요경비 공제 외에 추가로 400만 원(임대 외 소득금액이 2,000만 원 초과 시 0원)을 공제받을 수 있다.

③ 임대보증금 또는 임대료의 연 증가율이 5%를 넘지 않아야 한다.

임대주택으로 소득세를 감면받거나 필요경비 60% 공제와 공제액 400만 원을 받으려면 임대보증금 또는 임대료의 연 증가율이 5%를 넘지 않아야 한다.

사례분석

전용면적 85㎡ 초과 또는 기준시가 6억 원 초과하는 경우, 소득세 감면은 받지 못하지만 건강보험료 감면혜택은 받을 수 있다.

Ⓐ와 Ⓑ는 임대등록하면 임대수입 1,920만 원 중 60%인 1,152만 원

구분	장기일반민간임대주택	단기민간임대주택
임대수입(Ⓐ+Ⓑ)	1,920만 원	1,920만 원
필요경비(Ⓐ+Ⓑ)	1,152만 원	1,152만 원
공제액	400만 원	400만 원
과세표준	368만 원	368만 원
산출세액	51만 5,200원	51만 5,200원
감면액(Ⓐ)	19만 3,200원	7만 7,280원
최종 소득세액	32만 2,000원	43만 7,920원

을 필요경비로 인정받는다. Ⓐ는 기준시가와 전용면적이 요건에 부합하므로 소득세 75%인 19억 3,200만 원(단기민간임대이면 30%인 7만 7,280원)을 감면받는다. Ⓐ와 Ⓑ는 임대등록 시 기준시가와 전용면적과 상관없이 건강보험료의 80% 또는 40%를 감면받을 수 있다.

10

임대수입 2,000만 원 초과: 임대등록으로 소득세만 감면

김막둥 씨는 Ⓐ, Ⓑ 2채를 소유하고 있고 연 임대수입금액은 2,000만 원을 초과한다.

주택	전용면적	기준시가	월세	보증금
Ⓐ	84㎡	6억 원	90만 원	3억 원
Ⓑ	90㎡	6억 원	100만 원	3억 원

연 임대수입금액이 2,000만 원을 초과해도 임대등록하면 소득세와 건강보험료를 감면받을 수 있다는 얘기를 듣고 세무사에게 물어보았다. 세무사는 "잘 못 알고 있는 내용이 있는데 임대수입이 2,000만 원이 넘어서 건강보험료는 감면받지 못해. Ⓑ는 소득세를

감면받지 못하지만 Ⓐ는 임대등록하면 소득세 30% 또는 75%를 감면받을 수 있어"라고 알려주었다.

핵심개념

주택임대수입이 2,000만 원 초과하는 경우, 기준시가 6억 원 이하이고 전용면적 85㎡ 이하인 주택을 임대등록하면 소득세 감면은 받지만 건강보험료 감면혜택은 없다.

연 임대수입이 2,000만 원을 초과하더라도 기준시가 6억 원 이하이고 전용면적 85m^2 이하인 주택을 장기일반민간임대등록해 임대보증금 또는 임대료의 연 증가율이 5%를 넘지 않으면 소득세 75%, 단기민간임대주택으로 등록하면 소득세 30%를 감면받는다. 그러나 건강보험료 감면은 받지 못한다. 기준시가 6억 원 초과 또는 전용면적 85m^2 초과하는 주택을 임대등록하면 소득세 감면과 건강보험료 감면도 전혀 받지 못한다.

[표 9-9] 주택 임대수입 2,000만 원 초과, 임대등록 시 소득세와 건강보험료 혜택

면적	기준시가	임대주택	소득세 감면	건강보험료
85㎡ 이하	6억 원 이하	장기일반민간임대	75%	감면 불가
		단기민간임대	30%	감면 불가

사례분석

전용면적 85㎡ 초과 또는 기준시가 6억 원 초과하는 경우, 소득세 감면을 받지 못한다. 주택임대수입이 2,000만 원을 초과하면 건강보험료 감면혜택도 받을 수 없다.

Ⓐ주택은 전용면적 $84\,m^2$이고 기준시가 6억 원이므로 소득세를 감면받을 수 있다. Ⓑ주택은 전용면적이 $90\,m^2$이므로 소득세를 감면받을 수 없다. 막둥 씨의 주택임대수입은 총 2,280만 원이므로 건강보험료를 감면받을 수 없다. Ⓐ주택의 소득세 감면은 총 주택임대수입 2,280만 원에 대해 산출세액을 계산한 후 Ⓐ주택의 임대소득금액에 대한 산출세액에 대해 75%(장기일반민간임대주택) 또는 30%(단기민간임대주택)를 적용한다.

구분	장기일반민간임대주택	단기민간임대주택
임대수입(Ⓐ+Ⓑ)	2,280만 원	2,280만 원
필요경비(Ⓐ+Ⓑ)	971만 2,800원	971만 2,800원
공제액	150만 원	150만 원
과세표준	1,308만 7,200원	1,308만 7,200원
산출세액	69만 5,232원	69만 5,232원
감면액(Ⓐ)	24만 6,990원	9만 8,796원
최종 소득세액	44만 8,240원	59만 6,430원

10장

임대주택 등록 시
양도세 절세효과

01
전용면적 85㎡ 이하,
공시가격 6억 원(수도권 외 지역 3억 원) 이하 주택:
2018년 9월 13일 이전 취득한 경우

김막둥 씨는 소유하고 있는 4주택 중 Ⓐ를 장기일반민간임대주택으로 등록해서 10년 후 매도하려고 한다. Ⓐ주택은 수도권에 소재하고 전용면적 $84m^2$이며 2019년 4월 현재 기준시가 6억 원으로 2018년 9월 11일 취득했다. 매도하면 양도차익이 5억 원이라서 3주택 중과세로 3억 41만 원의 양도세를 내야 한다고 세무사가 알려주었다. 조정대상지역에서 해제되면 양도세는 1억 4,696만 원으로 확 낮아지는데, 언제 조정대상지역에서 해제될지 알 수 없다. 세무사에게 어차피 장기간 기다릴 일이니 장기일반민간임대주택으로 임대등록하면 양도세가 얼마나 절세되는지 물어보았다. 세무사는 임대등록으로 양도세 절세효과는 최저 1억 656만 2,500원, 최고 2억 6,001만 2,500원이라고 알려주었다.

핵심개념

장기보유특별공제 최대 70%와 조정대상지역이라도 일반세율을 적용한다.

전용면적 85㎡ 이하, 공시가격 6억 원(수도권 외 지역 3억 원) 이하 주택으로 2018년 9월 13일 이전 취득한 주택을 장기일반민간임대주택으로 등록해 임대기간 후 매도하면 장기보유특별공제 50%(10년 이상 임대 시 70%)를 적용받는다. 만약 취득일로부터 3개월 내 임대등록해 10년 이상 임대 후 매도하면 양도세 100%를 감면받고 농어촌특별세만 양도세 산출세액의 20%를 내면 된다(2018년 12월 31일까지 취득 또는 매매계약을 했어야 한다). 매도 시 조정대상지역에 소재하더라도 일반세율을 적용한다. 중과세 제외를 받거나 장기보유특별공제 50% 또는 70% 적용 및 양도세 100%를 감면받으려면 반드시 임대보증금 또는 임대료의 연 증가율이 5%를 넘지 않아야 한다.

취득 시기	매도 시 조정대상지역	중과세 여부	장기보유특별공제	양도세 100% 감면
2018년 9월 13일 이전	조정대상지역(x)	일반세율	8년 임대: 50% 10년 임대: 70%	취득일로부터 3개월 내 임대등록 시 (농어촌특별세 20% 납부)
	조정대상지역(o)			

사례분석

조정대상지역이라면 임대등록 절세효과가 크다.

Ⓐ를 임대등록하지 않고 10년 후 매도하는 경우 매도 시 조정대상지역이 아닌 지역에 소재하면 양도세는 1억 4,696만 원, 조정대상지역에 소재하면 3억 41만 원을 내야 한다. 그런데 Ⓐ를 장기일반민간임대등록한 다음 10년 임대 후 매도하면 매도 시 조정대상지

266

역 여부와 상관없이 일반세율을 적용받아 양도세(지방소득세 포함) 4,039만 7,500원을 내면 된다.

구분	임대등록하지 않고 10년 후 매도 시		장기일반민간임대등록하고 10년 후 매도 시	
매도 시	조정대상지역(×)	조정대상지역(○)	조정대상지역(×)	조정대상지역(○)
장기보유특별공제	1억 원(20%)	0원(0%)	3억 5,000만 원(70%)	3억 5,000만 원(70%)
양도세	1억 4,696만 원	3억 41만 원	4,039만 7,500원	4,039만 7,500원
임대등록 절세효과	-	-	1억 656만 2,500원	2억 6,001만 2,500원

전용면적 85㎡ 이하,
공시가격 6억 원(수도권 외 지역 3억 원) 이하 주택:
2018년 9월 14일 이후 취득한 경우

김막둥 씨는 소유하고 있는 4주택 중 Ⓐ를 장기일반민간임대주택으로 등록해서 10년 후 매도하려고 한다. Ⓐ주택은 수도권에 소재하고 전용면적 84m^2이며 2019년 4월 현재 기준시가 6억 원으로 2018년 12월 21일 취득(2018년 9월 14일 이후 매매계약)했다. 매도하면 양도차익이 5억 원이라서 3주택 중과세로 3억 41만 원의 양도세를 내야 한다고 세무사가 알려주었다. 추가로 세무사는 임대등록으로 양도세 절세효과는 최저 1억 656만 2,500원, 최고 2억 2,756만 2,500원이라고 알려주었다.

핵심개념

2018년 9월 14일 이후 취득한 주택을 장기일반민간임대등록할 경우, 매도 시 조정대상지역이면 양도세 중과세를 적용받는다.

전용면적 85㎡ 이하, 공시가격 6억 원(수도권 외 지역 3억 원) 이하 주택으로 2018년 9월 14일 이후 취득한 주택을 장기일반민간임대주택으로 등록해 임대기간 후 매도하면 장기보유특별공제 50%(10년 이상 임대 시 70%)를 적용받는다. 만약 취득일로부터 3개월 내 임대등록해 10년 이상 임대 후 매도하면 양도세 100%를 감면받고 농어촌특별세만 양도세 산출세액의 20%를 내면 된다(2018년 12월 31일까지 취득 또는 매매계약을 했어야 한다). 장기보유특별공제 50% 또는 70% 적용과 양도세를 100% 감면받으려면 반드시 임대보증금 또는 임대료의 연 증가율이 5%를 넘지 않아야 한다. 다만, 양도세 계산 시 적용하는 세율은 조정대상지역 여부에 따라 다르다. 매도 시 조정대상지역에 소재하면 중과세(2주택: 10% 추가, 3주택 이상: 20% 추가)를 적용한다.

취득 시기	매도 시 조정대상지역	중과세 여부	장기보유특별공제	양도세 100% 감면
2018년 9월 14일 이후	조정대상지역(×)	일반세율	8년 임대: 50% 10년 임대: 70%	취득일로부터 3개월 내 임대등록 시 (농어촌특별세 20% 납부)
	조정대상지역(○)	중과세율		

사례분석

중과세율을 적용받더라도 임대등록 절세효과가 크다.

Ⓐ를 장기일반민간임대등록하고 10년 임대 후 매도하면 양도차

익의 70%를 장기보유특별공제 받는다. 매도 시 조정대상지역이 아니면 일반세율을 적용받아 양도세(지방소득세 포함)를 4,039만 7,500원 내지만, 조정대상지역이면 중과세율(20% 추가 세율)을 적용받아 양도세를 7,284만 7,500원 내야 한다.

구분	임대등록하지 않고 10년 후 매도 시		장기일반민간임대등록하고 10년 후 매도 시	
매도 시	조정대상지역(×)	조정대상지역(○)	조정대상지역(×)	조정대상지역(○)
장기보유특별공제	1억 원(20%)	0원(0%)	3억 5,000만 원(70%)	3억 5,000만 원(70%)
양도세	1억 4,696만 원	3억 41만 원	4,039만 7,500원	7,284만 7,500원
임대등록 절세효과	–	–	1억 656만 2,500원	2억 2,756만 2,500원

03

전용면적 85㎡ 이하,
공시가격 6억 원(수도권 외 지역 3억 원) 초과 주택:
2018년 9월 13일 이전 취득한 경우

김막둥 씨는 소유하고 있는 4주택 중 Ⓐ를 장기일반민간임대주택으로 등록해서 10년 후 매도하려고 한다. Ⓐ주택은 수도권에 소재하고 전용면적 84㎡이며 2019년 4월 현재 기준시가 7억 원으로 2018년 9월 11일 취득했다. 늘 곁에서 조언을 해주는 세무사는 고민이 깊은 김막둥 씨에게 장기일반민간임대주택으로 임대등록하라고 귀띔해주었다. 장기일반민간임대주택으로 임대등록하면 양도세(지방소득세 포함)는 4,039만 7,500원 또는 7,284만 7,500원으로 등록하지 않았을 때보다 최저 1억 656만 2,500원, 최고 2억 2,756만 2,500원을 줄일 수 있다고 알려주었다.

핵심개념

매도 시 조정대상지역 여부에 따라 양도세가 다르다.

전용면적 $85m^2$ 이하, 공시가격 6억 원 초과 주택으로 2018년 9월 13일 이전 취득한 주택을 장기일반민간임대주택으로 등록해 임대기간 후 매도하면 장기보유특별공제 50%(10년 이상 임대 시 70%)를 적용받는다. 만약 취득일로부터 3개월 내 임대등록해 10년 이상 임대 후 매도하면 양도세를 100% 감면받고 농어촌특별세만 양도세 산출세액의 20%를 내면 된다(2018년 12월 31일까지 취득 또는 매매계약을 했어야 한다). 장기보유특별공제 50% 또는 70% 적용 및 양도세 100%를 감면받으려면 반드시 임대보증금 또는 임대료의 연 증가율이 5%를 넘지 않아야 한다. 다만, 매도 시 조정대상지역에 소재하면 중과세율(2주택 10% 추가, 3주택 이상 20% 추가)을 적용함에 주의한다.

취득 시기	매도 시 조정대상지역	중과세 여부	장기보유특별공제	양도세 100% 감면
2018년 9월 13일 이전	조정대상지역(×)	일반세율	8년 임대: 50% 10년 임대: 70%	취득일로부터 3개월 내 임대등록 시 (농어촌특별세 20% 납부)
	조정대상지역(○)	중과세율		

사례분석

조정대상지역이라면 임대등록 절세효과가 크다.

Ⓐ를 장기일반민간임대등록하고 10년 임대 후 매도하면 양도차익의 70%를 장기보유특별공제 받는다. 매도 시 조정대상지역이 아니면 일반세율을 적용받아 양도세(지방소득세 포함)를 4,039만

7,500원 내지만, 조정대상지역이면 중과세율(20% 추가 세율)을 적용받아 양도세를 7,284만 7,500원 내야 한다.

구분	임대등록하지 않고 10년 후 매도 시		장기일반민간임대등록하고 10년 후 매도 시	
매도 시	조정대상지역(×)	조정대상지역(○)	조정대상지역(×)	조정대상지역(○)
장기보유특별공제	1억 원(20%)	0원(0%)	3억 5,000만 원(70%)	3억 5,000만 원(70%)
양도세	1억 4,696만 원	3억 41만 원	4,039만 7,500원	7,284만 7,500원
임대등록 절세효과	–	–	1억 656만 2,500원	2억 2,756만 2,500원

04

전용면적 85㎡ 이하,
공시가격 6억 원(수도권 외 지역 3억 원) 초과 주택:
2018년 9월 14일 이후 취득한 경우

김막둥 씨는 소유하고 있는 4주택 중 Ⓐ를 장기일반민간임대주택으로 등록해서 10년 후 매도하려고 한다. Ⓐ주택은 수도권에 소재하고 전용면적 $84m^2$이며 2019년 4월 현재 기준시가 7억 원으로 2018년 12월 21일 취득(2018년 9월 14일 이후 매매계약)했다. 막둥 씨가 임대등록한 후 매도하면 절세효과가 있는지 세무사에게 물어보니 임대등록해도 소용없고 양도차익이 5억 원이라서 3주택 중과세로 3억 41만 원의 양도세를 내야 한다고 해 낙담했다.

핵심개념

장기보유특별공제와 양도세 감면을 모두 받지 못한다.

전용면적 $85m^2$ 이하, 공시가격 6억 원(수도권 외 지역 3억 원) 초과 주

274

택으로 2018년 9월 14일 이후 취득한 주택을 장기일반민간임대주택으로 등록해 임대기간 후 매도하면 장기보유특별공제 50%(10년 이상 임대 시 70%)와 양도세 100% 감면은 적용받지 못한다. 양도세 계산 시 적용하는 세율은 조정대상지역 여부에 따라 다르다. 매도 시 조정대상지역에 소재하면 중과세(2주택: 10% 추가, 3주택 이상: 20% 추가)를 적용한다.

취득 시기	매도 시 조정대상지역	중과세 여부	장기보유특별공제	양도세 100%
2018년 9월 14일 이후	조정대상지역(×)	일반세율	최대 30%	감면 불가
	조정대상지역(○)	중과세율	공제 불가	

사례분석

임대등록 절세효과가 없다.

Ⓐ를 장기일반민간임대등록하고 10년 임대 후 매도하더라도 임대등록하지 않고 매도할 때의 양도세와 동일하다.

구분	임대등록하지 않고 10년 후 매도 시		장기일반민간임대등록하고 10년 후 매도 시	
매도 시	조정대상지역(×)	조정대상지역(○)	조정대상지역(×)	조정대상지역(○)
장기보유특별공제	1억 원(20%)	0원(0%)	1억 원(20%)	0원(0%)
양도세	1억 4,696만 원	3억 41만 원	1억 4,696만 원	3억 41만 원
임대등록 절세효과	–	–	0원	0원

05
전용면적 85㎡ 초과,
공시가격 6억 원(수도권 외 지역 3억 원) 이하 주택:
2018년 9월 13일 이전 취득한 경우

김막둥 씨는 소유하고 있는 4주택 중 Ⓐ를 장기일반민간임대주택으로 등록해서 10년 후 매도하려고 한다. Ⓐ주택은 수도권에 소재하고 전용면적 90㎡이며 2019년 4월 현재 기준시가 6억 원으로 2018년 9월 11일 취득했다. 지금 매도하면 양도차익이 5억 원이라서 3주택 중과세로 3억 41만 원의 양도세를 내야 한다고 세무사가 알려주었다. 세무사는 장기일반민간임대주택으로 등록하면 양도세 중과세에서 제외되는 효과로 최고 1억 5,345만 원의 양도세 절세가 되는데 향후 조정대상지역에서 해제되면 장기일반민간임대주택으로 인한 절세효과는 없고 장기간 임대주택으로 묶여 있어야 한다는 단점이 있다고 추가로 조언해주었다.

핵심개념

2018년 9월 13일 이전 취득한 주택을 임대등록 후 매도하면 중과세는 적용하지 않는다.

전용면적 $85m^2$ 초과, 공시가격 6억 원(수도권 외 지역 3억 원) 이하 주택으로 2018년 9월 13일 이전 취득한 주택을 장기일반민간임대주택으로 등록해 임대기간 후 매도하면 장기보유특별공제 50%(10년 이상 임대 시 70%)와 양도세 100% 감면은 적용받지 못한다. 다만, 중과세율 적용에서는 제외돼 매도 시 조정대상지역에 소재하더라도 일반세율을 적용받는다. 중과세 제외를 받으려면 반드시 임대보증금 또는 임대료의 연 증가율이 5%를 넘지 않아야 한다.

취득 시기	매도 시 조정대상지역	중과세 여부	장기보유특별공제	양도세 100%
2018년 9월 13일 이전	조정대상지역(×)	일반세율	최대 30%	감면 불가
	조정대상지역(○)			

사례분석

조정대상지역이라면 임대등록 절세효과가 크다.

Ⓐ를 장기일반민간임대등록하고 10년 임대 후 매도하면 양도차익의 20%를 장기보유특별공제받는다. 또한 일반세율을 적용받아 양도세(지방소득세 포함)는 1억 4,696만 원 내면 된다.

구분	임대등록하지 않고 10년 후 매도 시		장기일반민간임대등록하고 10년 후 매도 시	
매도 시	조정대상지역(×)	조정대상지역(○)	조정대상지역(×)	조정대상지역(○)
장기보유특별공제	1억 원(20%)	0원(0%)	1억 원(20%)	1억 원(20%)
양도세	1억 4,696만 원	3억 41만 원	1억 4,696만 원	1억 4,696만 원
임대등록 절세효과	–	–	0원	1억 5,345만 원

06
전용면적 85㎡ 초과,
공시가격 6억 원(수도권 외 지역 3억 원) 이하 주택:
2018년 9월 14일 이후 취득한 경우

김막둥 씨는 소유하고 있는 4주택 중 Ⓐ를 장기일반민간임대주택으로 등록해서 10년 후 매도하려고 한다. Ⓐ주택은 수도권에 소재하고 전용면적 90㎡이며 2019년 4월 현재 기준시가 6억 원으로 2018년 12월 21일 취득(2018년 9월 14일 이후 매매계약)했다. 늘 옆에서 조언해주는 세무사가 고민하는 막둥 씨에게 임대등록해도 소용없고 양도차익이 5억 원이라서 3주택 중과세로 3억 41만 원의 양도세를 내야 한다고 증여 등의 다른 절세방법을 찾으라고 해 낙담했다.

핵심개념

장기보유특별공제와 양도세 감면을 모두 받지 못한다.

전용면적 85㎡ 초과, 공시가격 6억 원(수도권 외 지역 3억 원) 이하 주택으로 2018년 9월 14일 이후 취득한 주택을 장기일반민간임대주택으로 등록해 임대기간 후 매도하면 장기보유특별공제 50%(10년 이상 임대 시 70%)와 양도세 100% 감면은 적용받지 못한다. 양도세 계산 시 적용하는 세율은 조정대상지역 여부에 따라 다르다. 매도 시 조정 대상지역에 소재하면 중과세(2주택: 10% 추가, 3주택 이상: 20% 추가)를 적용한다.

취득 시기	매도 시 조정대상지역	중과세 여부	장기보유특별공제	양도세 100%
2018년 9월 14일 이후	조정대상지역(×)	일반세율	최대 30%	감면 불가
	조정대상지역(○)	중과세율	공제 불가	

사례분석

임대등록 절세효과가 없다.

Ⓐ를 장기일반민간임대등록하고 10년 임대 후 매도하더라도 임대등록하지 않고 매도할 때의 양도세와 동일하다.

구분	임대등록하지 않고 10년 후 매도 시		장기일반민간임대등록하고 10년 후 매도 시	
매도 시	조정대상지역(×)	조정대상지역(○)	조정대상지역(×)	조정대상지역(○)
장기보유특별공제	1억 원(20%)	0원(0%)	1억 원(20%)	0원(0%)
양도세	1억 4,696만 원	3억 41만 원	1억 4,696만 원	3억 41만 원
임대등록 절세효과	–	–	0원	0원

2018년 3월 31일 이전:
단기임대등록 주택의 양도세

김막둥 씨는 소유하고 있는 4주택 중 Ⓐ를 세무사의 조언에 따라 2018년 3월 11일 단기민간임대주택으로 등록했다. 세무사는 최소 5년 이상 임대하라고 했지만 막둥 씨는 10년 임대 후 매도하려고 한다. Ⓐ주택의 임대개시일 기준시가는 6억 원이고 전용면적 $100\,m^2$ 이다. 2018년 3월 11일 취득했고 서울에 소재한다. 세무사의 당시 조언은 단기민간임대주택으로 등록하면 최저 2,200만 원에서 최고 1억 7,545만 원의 양도세(지방소득세 포함) 절세효과를 얻을 수 있다고 했다.

핵심개념

공시가격 6억 원 초과 여부에 따라 임대등록의 양도세 절세효과가 크다.

공시가격 6억 원(수도권 외 지역 3억 원) 이하 주택으로 2018년 3월 31일 이전 단기민간임대주택으로 등록해 5년 임대 후 매도하면 매도 시 조정대상지역에 소재하더라도 일반세율을 적용한다. 양도세 계산 시 일반세율을 적용하고 장기보유특별공제를 적용받는다. 만약 6년 이상 임대하고 매도하면 추가적으로 최대 10%의 추가 장기보유특별공제율을 적용받을 수 있다. 다만, 중과세 제외를 받거나 장기보유특별공제 최대 10% 추가 적용을 받으려면 반드시 임대보증금 또는 임대료의 연 증가율이 5%를 넘지 않아야 한다. 공시가격 6억 원(수도권 외 지역 3억 원) 초과 주택은 양도세혜택이 없다.

임대개시일 공시가격	매도 시 조정대상지역	중과세 여부	장기보유특별공제
6억 원 이하 (수도권 외 지역 3억 원)	조정대상지역(×)	일반세율	최대 40%
	조정대상지역(○)		
6억 원 초과 (수도권 외 지역 3억 원 초과)	조정대상지역(×)	일반세율	최대 30%
	조정대상지역(○)	중과세율	공제 불가

사례분석

공시가격 6억 원 이하, 매도 시 조정대상지역인 경우 임대등록 절세효과가 크다.

Ⓐ를 단기민간임대등록하고 10년 임대 후 매도하면 양도차익 5억 원의 30%를 장기보유특별공제받는다. 또한 일반세율을 적용받아

양도세(지방소득세 포함)는 1억 2,496만 원을 내면 된다.

구분	임대등록하지 않고 10년 후 매도 시		단기민간임대등록하고 10년 후 매도 시	
매도 시	조정대상지역(×)	조정대상지역(○)	조정대상지역(×)	조정대상지역(○)
장기보유특별공제	1억 원(20%)	0원(0%)	1억 5,000만 원(30%)	1억 5,000만 원(30%)
양도세	1억 4,696만 원	3억 41만 원	1억 2,496만 원	1억 2,496만 원
임대등록 절세효과	–	–	2,200만 원	1억 7,545만 원

2018년 4월 1일 이후:
단기임대등록 주택의 양도세

김막둥 씨는 주변에서 임대등록해야 절세가 된다는 말에 소유하고 있는 4주택 중 Ⓐ를 2018년 4월 11일 단기민간임대주택으로 등록했다. Ⓐ주택의 임대개시일 기준시가는 7억 원이고 전용면적 $100\,m^2$이다. 2018년 4월 11일 취득했고 서울에 소재한다. 양도차익이 5억 원이면 임대등록으로 양도세 절세효과는 어느 정도인지 세무사에게 물어보니 "0원"이라는 답변에 헛웃음만 나왔다.

핵심개념

매도 시 조정대상지역 여부에 따라 양도세 차이가 날뿐 양도세혜택은 없다.
2018년 4월 1일 이후 단기민간임대주택으로 등록한 주택은 공시가격과 상관없이 5년 임대 후 매도하더라도 양도세 절세혜택은 없다.

매도 시 조정대상지역이면 중과세율을 적용받으며, 장기보유특별공제는 적용받지 못한다.

매도 시 조정대상지역	중과세 여부	장기보유특별공제
조정대상지역(×)	일반세율	최대 30%
조정대상지역(○)	중과세율	공제 불가

사례분석

임대등록 절세효과가 없다.

Ⓐ를 장기일반민간임대등록하고 10년 임대 후 매도하더라도 임대등록하지 않고 매도할 때의 양도세와 동일하다.

구분	임대등록하지 않고 10년 후 매도 시		장기일반민간임대등록하고 10년 후 매도 시	
매도 시	조정대상지역(×)	조정대상지역(○)	조정대상지역(×)	조정대상지역(○)
장기보유특별공제	1억 원(20%)	0원(0%)	1억 원(20%)	0원(0%)
양도세	1억 4,696만 원	3억 41만 원	1억 4,696만 원	3억 41만 원
임대등록 절세효과	–	–	0원	0원

09
건설임대주택의
양도세 중과세 배제 기준은 다르다

김막둥 씨는 소유하고 있는 3주택 중 2018년 4월 11일 건축해 취득한 Ⓐ와 Ⓑ주택이 조정대상지역에 있어 양도세 중과세 대상이어서 고민이다. 세무사가 막둥 씨에게 건설임대사업자 단기임대주택으로 등록하라고 조언을 해주었다.

주택	2019년 4월 현재 기준시가	연면적	대지면적
Ⓐ	6억 원	140㎡ 이하	200㎡
Ⓑ	6억 원	140㎡ 이하	200㎡

세무사는 Ⓐ와 Ⓑ주택을 장기일반민간임대주택으로 등록하고 8년 이상 임대 후 매도하면 양도세 중과세를 배제 받을 수 있고 장기보

유특별공제도 적용받을 수 있어 양도세 절세효과가 있다고 알려주
었다.

핵심개념

**2018년 4월 1일 이후부터는 공시가격과 면적기준을 충족한 주택 2호 이상
을 장기일반민간임대주택으로 등록해야 양도세 중과세 배제를 받을 수 있다.**
건설임대주택의 경우 2018년 4월 1일 이후 단기민간임대주택으로
등록한 주택은 공시가격과 상관없이 5년 임대 후 매도하더라도 양도
세 절세혜택은 없다. 매도 시 조정대상지역이면 중과세율을 적용받
으며, 장기보유특별공제는 적용받지 못한다. [표 10-1]의 공시가격과
연면적(공동주택은 전용면적) 및 대지면적을 갖춘 건설임대주택은 장
기일반민간임대주택으로 등록해 8년 이상 임대해야 양도세 중과세
배제를 적용받을 수 있다. 단, 중과세 제외를 받으려면 반드시 임대
보증금 또는 임대료의 연 증가율이 5%를 넘지 않아야 한다.

[표 10-1] 건설임대주택의 양도세 중과세 배제 기준

구분	공시가격	면적기준	임대호수	임대등록	중과세 여부
단기임대	6억 원 이하	연면적: 149㎡ 이하 대지면적: 298㎡ 이하	2호 이상	2018년 3월 31일 이전	중과세 배제
				2018년 4월 1일 이후	중과세
장기임대	6억 원 이하	연면적: 149㎡ 이하 대지면적: 298㎡ 이하	2호 이상	–	중과세 배제

사례분석

2018년 4월 1일 이후 취득한 건설임대주택은 장기일반임대주택으로 등록한 후 8년 이상 임대하면 양도세 중과세 배제를 받는다.

Ⓐ와 Ⓑ는 공시가격과 면적기준을 모두 충족한다. 따라서 2채를 장기일반민간임대등록하고 8년 임대 후 매도하면 조정대상지역이라도 일반세율을 적용하며, 장기보유특별공제도 받는다.

10

공시가격 6억 원(수도권 외 지역 3억 원) 이하 주택: 임대등록하면 거주주택 매도 시 양도세

김막둥 씨는 Ⓐ, Ⓑ, Ⓒ를 소유한 3주택자다. 2015년 5월 20일 취득해 계속 거주한 Ⓒ주택을 매도하고 싶은데 양도세 중과세 대상이므로 매도할 수 없어 고민이다. 그러던 중 세무사가 "2019년 1월 11일 매입해 취득한 Ⓐ와 Ⓑ를 임대등록하고 Ⓒ를 매도하면 양도세 비과세를 받을 수 있어"라고 알려주었다. 막둥 씨는 이유가 궁금해서 물어보니 세무사는 "Ⓐ와 Ⓑ의 2019년 4월 현재 기준시가는 6억 원 이하라서 Ⓐ와 Ⓑ를 임대등록하고 Ⓒ를 매도 시 양도세를 비과세 받을 수 있어. 단, 5년 이상 임대를 해야 하고, Ⓒ는 2년 이상 거주를 해야 해"라고 추가 답변을 해주었다.

핵심개념

2018년 9월 14일 이후 취득 주택, 공시가격 6억 원(수도권 외 3억 원) 이하이면 임대등록 시 다른 주택의 양도세 비과세 받을 수 있다.

매입임대주택은 면적 상관없이 공시가격 6억 원(수도권 외 지역 3억 원) 이하, 건설임대주택의 경우 [표 10-2]의 공시가격과 연면적(공동주택은 전용면적) 및 대지면적을 갖춘 주택이면 다른 주택의 1세대 1주택의 양도세 비과세 판단 시 주택 수에서 제외한다. [표 10-2]의 요건과 함께 임대주택은 임대보증금 또는 임대료의 연 증가율이 5%를 넘지 않아야 한다. 다만, 비과세로 매도하는 주택은 매도일까지 2년 이상 보유와 함께 2년 이상 거주를 했어야 한다.

[표 10-2] 다른 주택의 양도세 비과세 판단 시 주택 수에서 제외하는 임대주택 요건

구분	공시가격	면적기준	임대호수	임대유형	임대기간
매입임대	6억 원 이하	–	1호 이상	장기일반민간임대주택 또는 단기민간임대주택	5년 이상
건설임대	6억 원 이하	연면적: 149㎡ 이하 대지면적: 298㎡ 이하	2호 이상		

사례분석

임대등록주택 외 다른 주택이 1주택 비과세인지 판단하라.

Ⓐ와 Ⓑ는 공시가격을 충족한다. 2채를 단기민간임대등록 또는 장기일반민간임대등록하고 5년 이상 임대 후 매도하면 Ⓒ를 매도할 때 1주택자로 봐 양도세 비과세를 판단한다. Ⓒ는 2017년 8월 2일 이전 취득했고 2년 이상 거주해 양도세를 비과세 받을 수 있다.

종전에는 [그림 10-1]과 같이 장기임대주택을 보유한 임대사업자가 2년 이상 본인이 거주한 주택 양도 시 1세대 1주택으로 판단해 횟수 제한 없이 비과세를 받을 수 있었다. 임대주택을 거주주택으로 전환한 경우, 기존 거주주택 양도 후 발생한 양도차익에 대해 비과세를 받을 수 있었다.

[그림 10-1] 개정 전: 임대주택과 거주주택의 양도세 비과세

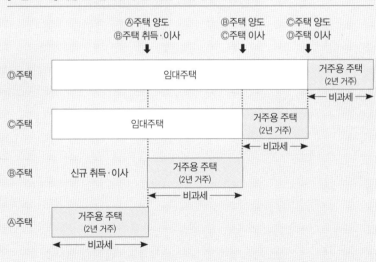

최초 거주주택을 양도하는 경우만 비과세를 허용하도록 소득세법시행령을 개정했다. [그림 10-2]와 같이 임대주택을 거주주택으로 전환한 경우도 전체 양도차익에 대해 과세한다. 단, 최종적으로 임대주택 1채만 보유하게 된 후 거주주택으로 전환 시에는 직전 거주주택 양도 후 양도차익분에 대해 비과세 받을 수 있다. 소득세법시행령 시행일(2019년 2월 12일) 이후 신규 취득하는 분부터 적용하되, 시행일 당시에 거주하고 있는 주택(시행일 이전에 거주주택을 취득하기 위해 계약금을 지불한 경우도 포함)은 종전규정을 적용한다.

[그림 10-2] 개정 후: 임대주택과 거주주택의 양도세 비과세

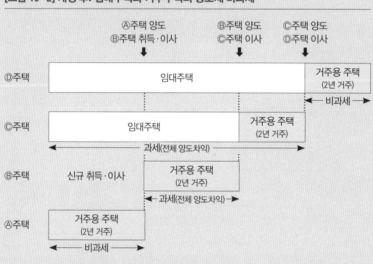

11장

임대주택
Q&A

임대사업자등록
FAQ

Q 주택임대등록할 수 있는 대상주택과 임대등록 시 필요한 서류는?

A 건축법상 주택으로 단독주택, 다세대주택, 아파트, 연립주택, 빌라 등과 전용면적 $85m^2$ 이하로 상하수도 시설이 갖춰진 전용 입식 부엌, 전용 수세식 화장실 및 목욕 시설(전용 수세식 화장실에 목욕 시설을 갖춘 경우)을 갖춘 오피스텔도 임대등록할 수 있다. 다가구주택으로 소유주 본인이 거주하는 부분을 제외한 나머지를 임대하면 임대등록할 수 있다. 임대사업자등록 신청서(시군·구청 주택과에 비치)를 작성하고 매매계약서 사본과 신분증을 가지고 가면 된다.

Q 주택임대등록 시 면적과 공시가격 등의 제한이 있는가.

A 민간임대주택특별법상 임대주택 등록 시 면적과 공시가격의 제

한은 없다. 다만, 주거용 오피스텔은 전용면적 $85m^2$ 이하여야 한다. 주의할 사항은 세법상 취득세, 재산세, 종합부동산세, 양도세, 임대소득세 등의 세금혜택을 받으려면 전용면적과 공시가격 등 일정한 요건을 갖춰야 한다.

Q 분양권과 재개발 또는 재건축 조합원입주권도 임대등록할 수 있나?

A 분양계약을 체결한 자도 임대사업자 등록이 가능하다. 재개발과 재건축의 경우에는 실무상 혼란이 많아 지역마다 차이가 날 수 있으니 방문 전에 반드시 해당 지방자치단체에 전화로 확인한다. 관리처분계획인가가 났더라도 멸실되지 않고 세입자가 거주하고 있으면 임대주택으로 등록이 가능하지만 임차인이 이주하거나 건물이 멸실된 경우에는 임대주택으로 등록을 해주지 않는다. 이 경우 조합원분양을 신청해 조합원분양계약을 체결한 후 임대사업자등록을 하면 된다. 분양권과 재건축·재개발 조합원입주권의 임대등록을 하려면 임대사업자등록 신청서(시군·구청 주택과/건축과에 비치)를 작성하고 분양계약서 사본과 신분증을 가지고 가면 된다.

Q 건축 전 또는 매입 전인데 임대등록할 수 있는가.

A 가능하다. 건설임대는 주택법에 따라 사업계획승인을 받았거나 건축법에 따라 건축허가를 받았다면 주택사업계획승인서나 건축허가서를 첨부하면 등록할 수 있다. 매입임대는 매매계약 또는 분양계약을 체결했다면 매매계약서 사본이나 분양계약서 사본을 제출해 등록할 수 있다.

Q 임대사업자등록은 어디에서 하는가.

A 임대사업자의 주소지 관할 지방자치단체(시군·구청 주택과/건축과) 또는 렌트홈www.renthome.go.kr에서 한다. 주택소재지 관할 지방자치단체에 해도 임대사업자의 주소지 관할 지방자치단체에 송부하므로 걱정하지 않아도 된다. 렌트홈에서 등록신청을 할 때는 회원가입 후 공인인증서로 로그인 과정을 거친다. 이때 국세청 사업자신고란에 체크하면 세무서에 면세사업자신고도 자동 전송된다. SMS 통보에 체크하면 약 5일 후 완료 메시지를 받아 시군·구청에 가서 임대사업자등록증을 수령하면 된다. 세무서 완료 메시지가 오면 해당 세무서를 방문해 면세사업자등록증을 수령한다.

Q 세무서에 해야 하는 사업자등록이 궁금하다. 구청과 별도로 해야 하나?

A 세무서에 하는 사업자등록은 면세사업자등록이다. 지방자치단체 또는 렌트홈에 임대사업자등록을 하면 세무서와 자동으로 연결돼 면세사업자등록이 되기 때문에 별도로 세무서에 면세사업자등록을 할 필요는 없다. 다만, 지방자치단체 또는 렌트홈에 임대사업자등록 후 세무서에 사업자등록 신청이 되었는지 확인한다. 참고로 주택임대사업자의 경우 원칙적으로 임대물건인 주택 소재지를 관할하는 세무서에 임대주택별로 각각 사업자등록을 해야 하지만, 임대주택법에 따라 임대사업자의 주소지 관할 지방자치단체(시군·구청 주택과/건축과) 또는 렌트홈에서 임대사업자등록을 한 경우, 임대사업자의 주소지(업무총괄장소)를 사업장 소재지로 해 일괄 사업자등록이 가능하다.

Q 공동명의 주택을 임대등록하는 방법이 궁금하다.

A 공동명의로 된 주택은 공동명의로 임대사업자등록을 해야 한다. 임대등록 신청 시 공동명의자 중 1명을 대표자로 해 신청하고 공동명의자 모두의 성명, 주민등록번호, 주소를 기재한다.

Q 임대사업자 등록을 취소할 수 있는가.

A 취소할 수 있지만 취소 시점에 따라 과태료가 부과될 수 있다. 등록일로부터 1개월 내 취소하면 과태료를 내지 않지만 1개월이 경과해 취소하면 과태료를 내야 한다.

Q 주택을 추가 매입하는 경우 임대등록은 어떻게 하는가.

A 임대사업자의 주소지 관할 지방자치단체(시군·구청 주택과/건축과) 또는 렌트홈에서 임대사업자 등록사항 변경신고를 하면 된다.

Q 임대등록 시 등록임대주택임을 소유권등기에 부기등기를 의무 할 예정이라고 들었다.

A 정부에서 법령을 개정할 예정이다. 주택 소유권등기에 등록임대주택임을 부기등기토록 민간임대특별법 개정을 2019년 상반기 중 추진하고 있다. 법령 개정 이후 신규로 임대등록하는 주택은 등록임대주택임을 소유권등기에 부기등기를 등록할 때 해야 한다. 기존에 임대등록한 주택은 2년간 유예기간을 부여할 예정인데 해당 기간 동안 부기등기를 하지 않으면 500만 원의 과태료를 부과할 예정이다.

Q 임대등록을 하지 않으면 가산세가 부과되는가.

A 2019년부터 수입금액 2,000만 원 이하 분리과세 대상주택임대소득만 있는 사업자도 소득세법상의 사업자등록 대상에 추가되었다. 그에 따라 사업자등록을 하지 않으면 2020년 1월 1일 이후 발생하는 수입분부터 미등록가산세를 부과한다. 미등록가산세는 면세공급가액의 0.2%를 부과한다.

02
임대료 상한
5% 룰

Q 임대료 상한 5% 룰이란 무엇인가.

A 주택임대차보호법에서는 월세나 보증금을 증액할 때 한도를 정하는데 그 한도가 바로 5%다. 임대주택으로 등록하면 이 5% 룰을 지켜야 한다. 즉, 임대의무기간(단기임대는 4년, 장기임대는 8년) 내 임대계약을 갱신할 때 기존 임대계약의 월세와 보증금보다 5%를 초과하면 민간임대주택특별법과 세법 등에서의 각종 불이익을 받는다.

Q 임대료 상한 5% 계산하는 방법이 궁금하다.

A 임대료 상한 5%는 보증금과 월세 모두 5%까지만 증액할 수 있다는 의미다. 예를 들어 보증금 1억 원에 월세 100만 원으로 임대하고 있다면 재계약할 때 보증금은 1억 500만 원, 월세는 105만 원을

넘으면 안 된다.

Q 기존 보증금보다 적게 받거나 많이 받고 싶을 때 5%는 어떻게 계산하나?

A ① 환산보증금 산출→② 환산보증금의 인상 한도액 산출→③ 5% 인상 후 보증금과 월세액 산출 3단계로 계산하면 된다.

[사례 11-1]
기존 임대계약: 보증금 1억 원, 월세 100만 원
변경 임대계약: 보증금 5,000만 원, 월세를 인상하고 싶은 경우

①단계: 환산보증금 계산

보증금과 월세를 보증금으로 환산한 '환산 보증금'을 계산해야 한다. 이때 월세를 보증금으로 전환하려면 전월세전환율을 사용한다. 전월세전환율은 한국은행 기준금리(2018년 11월 30일 기준금리 1.75%)와 대통령령으로 정하는 이율(3.5%)의 합계로 현재 5.25%다.

환산보증금
=보증금+월세×12÷전월세전환율
ex. 환산보증금=1억 원+100만 원×12÷5.25% =3억 2,857만 1,428원

②단계: 환산보증금 인상 한도액 계산

1단계에서 계산한 환산보증금에 인상률 5%를 곱하면 환산보증금 인상 한도액이 계산된다.

환산보증금 인상 한도액
=환산보증금×1.05
ex. 환산보증금=3억 2,857만 1,428원×1.05 =3억 4,500만 원

③단계: 5% 인상 후 보증금과 월세

환산보증금 인상 한도액에서 받고 싶은 보증금을 제외한 금액을 월세로 환산하면 된다.

5% 인상 후 보증금과 월세
① 보증금=받고 싶은 보증금 ② 월세=(환산보증금인상한도액−받고 싶은 보증금)×전월세전환율÷12
ex. ① 보증금=5,000만 원 　　② 월세=(3억 4,500만 원−5,000만 원)×5.25%÷12=129만 625원

Q 임대료 상한 5%의 적용 시점은 언제부터인가.

A 임대주택 등록 후 최초 임대차계약을 기준으로 임대료 상한 5%를 적용한다. 따라서 임대등록 후 처음 체결하는 임대차계약은 임대등록 전 임대차계약의 임대료보다 5%를 넘어도 된다. 예를 들어 2017년 1월 전세보증금 4억 원의 임대차계약을 체결하고 2018년 12월 임대등록한 후 2019년 1월 임대차계약을 갱신할 때는 5% 룰을 적용하지 않는다. 임대등록 후 최초로 체결하는 임대차계약이 2019년 1월 체결하는 임대차갱신계약이기 때문이다.

Q 임대료 상한 5%의 적용 시점에 관한 개정 입법이 발의되었다.

A 2019년 4월 현재 국회에 입법 발의된 법안은 임대료 상한 5%가 적용되는 계약을 한 단계 앞당기는 내용이다. 즉, 임대등록 전의 계약을 기준으로 5% 룰을 적용하겠다는 것이다. 이 법안이 통과되면 임대등록 전에 체결한 임대차계약을 임대등록 후 갱신할 때 임대등록 전 임대료 5%를 초과해 갱신계약을 하면 안 된다. 현재 입법 발의된 법안에는 임대의무기간이 종료된 이후에도 5% 룰을 적용하는 내용도 담고 있다.

Q 임대료 상한 5% 위반 시 과태료와 세금상 불이익은 무엇인가.

A 민간임대주택특별법상 과태료 최대 1,000만 원(1차 위반 시 500만 원, 2차 위반 시 700만 원, 3차 위반 시 1,000만 원)과 각종 세금 혜택(양도세와 임대소득세감면 및 종합부동산세 등의 세제 혜택)을 추징당한다. 2019년 4월 현재 임대료 상한 5%를 위반하면 민간임대주택특별법상 과태료는 최대 1,000만 원인데 앞으로는 최대 3,000만 원(1차 위반 시 1,000만 원, 2차 위반 시 2,000만 원, 3차 위반 시 3,000만 원)으로 상향될 예정이다. 현재 임대주택에 대해서는 임대소득세·양도세·종합부동산세에서 혜택을 주는데, 임대료 상한 5%를 위반하면 이 세금 혜택을 받을 수 없으며, 이미 세금 감면 등의 혜택을 받았다면 해당 세금을 추징함과 동시에 가산세 등의 불이익을 받게 되므로 주의한다.

[표 11-1] 임대료 상한 5% 위반 시 세금상 불이익

임대소득세	① 연 임대수입 2,000만 원 이하로 분리과세 시 필요경비율 60%와 공제금액 400만 원을 적용받지 못함 ② 임대소득세 감면(장기임대 75%, 단기임대 30%) 배제
양도소득세	① 1세대 1주택으로 임대등록 시 거주 기간(2년) 제한을 받지 않는 임대주택의 적용 배제: 양도세 과세 ② 거주주택의 비과세 특례를 적용받는 임대주택의 적용 배제: 거주주택 양도세 과세 ③ 양도세 중과세 배제 임대주택의 양도세 중과세 ④ 양도세 장기보유특별공제(50%, 70%) 적용 배제 ⑤ 양도세 100% 감면 배제
종합부동산세	임대주택에 대한 종합부동산세 합산배제 불가: 임대주택이라도 종합부동산세 과세

▶ 양도소득세의 ①~③은 소득세법시행령 시행일 이후 주택임대차계약을 체결(갱신)하는 분부터 적용한다.

03
현행 과태료와
개정 추진 중인 과태료

과태료 상한을 현행 1,000만 원에서 최대 5,000만 원으로 상향하고, 신고 지연 등 경미한 위반에 대한 과태료는 인하를 추진(민간임대특별법 개정)하고 있다. 임대사업자의 핵심 의무인 임대료 인상 제한 등 임대조건 의무 위반은 1,000만 원에서 3,000만 원으로 상향하고, 특히 본인 거주 등의 사유로 미임대하거나 임대의무기간 내 양도금지 의무를 위반한 경우는 최대 5,000만 원으로 상향 추진 중이다. 임대료 인상제한, 본인 거주 미임대, 임대의무기간 내 양도 등에 대해 3,000만 원 상향은 9·13 부동산 대책에서 기 발표해 민간임대특별법 개정안이 국회 심의 중이다. 임대주택 양도 시 신고 지연·불이행 등과 같은 경미한 행정절차 위반에 대해 과태료 인하(1,000만 원→100만 원)도 추진 중이다.

[표 11-2] 임대의무 위반 시 과태료 개선안

의무사항	기존			개선(안)		
임대의무기간 중 민간임대주택 임대의무 및 양도규정(법 제43조) ① 본인 거주 등 미임대 (임대의무기간 이내) ② 신고 후 임대사업자 간 양도 ③ 신고 후 양도 (임대의무기간 경과 후) ④ 허가 후 양도 (임대의무기간 이내)	임대의무기간 이내 미임대 및 양도위반 시 1,000만 원 (호수별)			과태료 **5,000만 원 이하**(호수별) ① 본인 거주 등 미임대 ④ 허가 없이 양도 과태료 **100만 원 이하**(호수별) ② 또는 ③에 따라 미신고 후 양도		
임대조건 중 임대료 규정 준수규정(법 제44조)	1차 위반 500만 원	2차 위반 700만 원	3차 위반 1,000만 원	1차 위반 1,000만 원	2차 위반 2,000만 원	3차 위반 3,000만 원
임대차인의 귀책사유 외 임대차계약 해제·해지, 재계약 거절 금지 (법 제45조)	1차 위반 500만 원	2차 위반 700만 원	3차 위반 1,000만 원	좌동		
임대차계약신고 의무 (법 제46조)						
임대사업자의 임대차계약서 사용의무(법 제47조)						
임대사업자 설명의무 (법 제48조)	1차 위반 500만 원	2차 위반 500만 원	3차 위반 500만 원	좌동		

[표 11-3] 현행 과태료 기준

(단위: 만 원)

위반행위	근거 법조문	과태료 금액		
		1차 위반	2차 위반	3차 이상 위반
(가) 임대사업자가 법 제5조 제3항을 위반해 등록사항 말소 신고를 하지 않은 경우	법 제67조 제3항 제1호	50	70	100
(나) 주택임대관리업자가 법 제7조를 위반해 등록사항 변경 신고 또는 말소신고를 하지 않은 경우	법 제67조 제2항 제1호	200	400	500
(다) 주택임대관리업자가 법 제12조에 따른 현황 신고를 하지 않은 경우	법 제67조 제2항 제2호	200	400	500
(라) 주택임대관리업자가 법 제13조 제1항 및 제2항에 따른 위·수탁계약서 작성·교부 및 보관의무를 게을리한 경우	법 제67조 제3항 제2호	50	70	100
(마) 임대사업자가 법 제42조 제3항을 위반해 민간임대주택 공급신고를 하지 않은 경우	법 제67조 제1항 제1호	500	700	1,000
(바) 법 제43조를 위반해 임대의무기간 중 민간임대주택을 임대하지 않거나 양도한 경우	법 제67조 제1항 제2호	임대주택당 1,000		
(사) 법 제44조에 따른 임대조건 등을 위반해 민간임대주택을 임대한 경우	법 제67조 제1항 제3호	500	700	1,000
(아) 임대사업자가 법 제45조를 위반해 임대차계약을 해제·해지하거나 재계약을 거절한 경우	법 제67조 제1항 제4호	500	700	1,000
(자) 법 제46조에 따른 임대차계약 신고를 하지 않거나 거짓으로 신고한 경우	법 제67조 제1항 제5호	500	700	1,000
(차) 임대사업자가 법 제47조에 따른 표준임대차계약서를 사용하지 않은 경우	법 제67조 제1항 제6호	500	700	1,000
(카) 임대사업자가 법 제48조에 따른 설명의무를 게을리한 경우	법 제67조 제2항 제3호	500	500	500
(타) 법 제50조를 위반해 준주택을 주거용이 아닌 용도로 사용한 경우	법 제67조 제1항 제7호	500	700	1,000
(파) 법 제50조 제2항, 제60조 및 제61조에 따른 보고, 자료의 제출 또는 검사를 거부·방해 또는 기피하거나 거짓으로 보고한 경우	법 제67조 제2항 제4호	100	200	300
(하) 임대사업자가 법 제52조 제2항을 위반해 임차인대표회의를 구성할 수 있다는 사실을 임차인에게 통지하지 않은 경우	법 제67조 제3항 제3호	50	70	100
(거) 임대사업자가 법 제52조 제3항을 위반해 임차인대표회의와 관리규약 제정·개정 등을 협의하지 않은 경우	법 제67조 제2항 제5호	500	500	500
(너) 법 제53조 제1항 및 제2항에 따라 특별수선충당금을 적립하지 않거나 입주자대표회의에 넘겨주지 않은 경우	법 제67조 제1항 제8호	500	700	1,000

04

임대등록 후
각종 신고절차

Q 임대등록단계에서 신고 절차는 어떻게 되는가.

A 주택을 취득해 임대등록을 신청하는 단계의 우선 절차는 [표 11-4]처럼 임대등록신청을 한 후 취득세를 감면받을 수 있는 임대

[표 11-4] 임대등록 신고 절차

절차		준비서류
임대등록 신청	▪ 임대사업자 주소지 시군·구청 주택과에 방문 신청 또는 렌트홈에서 등록 신청(매매계약 체결하면 등록신청 가능)	▪ 신분증 ▪ 매매계약서(또는 분양계약서) ▪ 주택임대사업자등록신청서
취득세 감면 신청	▪ 취득일로부터 60일 이내 임대주택 소재지 시군·구청 세무과에 신청	▪ 주택임대사업자등록증 ▪ 취득세감면신청서(세무과 비치)
임대조건 신고	▪ 임대차계약 체결일로부터 3개월 이내 임대주택 소재지 시군·구청 주택과 방문신청 또는 렌트홈에서 신고 ▪ 갱신계약 시에도 신고	▪ 표준임대차계약서(세입자와 작성) ▪ 임대조건신고서(주택과 비치)

주택이라면 주택 취득일로부터 60일 이내 취득세 감면신청을 하고 임대차계약 체결일로부터 3개월 이내 임대조건신고를 해야 한다.

Q 세금신고 관련 의무와 절차가 궁금하다.

A 임대주택으로 등록해 주택임대사업을 할 경우, 각종 세금 관련 절차가 있다. 우선 취득세 감면 대상주택을 취득해 임대등록을 하면 취득세 감면신청을 해야 한다. 재산세 감면 대상주택의 임대등록 시에는 재산세 감면에 대해 별도 신청을 하지 않는다. 다만, 재산세 고지서를 수령했을 때 감면이 제대로 반영되었는지 확인한다.

종합부동산세 합산배제 대상주택을 임대등록했다면 9월 16일~30일에 종합부동산세 합산배제 신청을 해야 한다. 최초의 합산배제 신청을 한 연도의 다음 연도부터는 소유권과 전용면적의 변동이 없으면 합산배제 신청을 하지 않아도 된다. 즉, 임대주택의 변동이 없다면 최초 1회만 합산배제 신청한다. 추가로 임대주택을 취득했다면 추가 취득한 임대주택도 합산배제 신청을 해야 한다. 임대소득

[표 11-5] 임대등록 세금신고 절차

세금	기한	관할 기관
취득세 감면신청	⇨p.308 참조	
재산세 감면	별도로 감면 신청하지 않음	
종합부동산세 합산배제 신청	매년 9월 16일~30일 신청	주소지 관할 세무서 또는 국세청 홈택스
사업장 현황신고	다음 연도 2월 10일까지 신고	
임대소득 종합소득세 신고납부	다음 연도 5월 1일~31일 신고납부 임대소득세 감면신청	
임대소득 분리과세 신고납부		
양도세(중과세 배제/장기보유특별공제 등)	별도 신청 없음	

과 관련해 다음 연도 2월 10일까지는 면세사업장 현황 신고를 주소지 관할세무서나 국세청 홈택스에서 신고해도 된다. 주택임대수입이 연 2,000만 원 이하이면 다음 연도 5월 1일~31일에 분리과세 신고납부를 해야 하고, 연 2,000만 원을 초과하면 다음 연도 5월 1일~31일에 종합소득세 확정신고 납부를 해야 한다. 만약 임대소득세를 감면받는 대상주택이라면 분리과세 신고납부 또는 종합소득세 확정신고 납부 시 소형주택 임대사업자에 대한 세액감면신청서를 작성해 제출해야 한다. 임대주택의 매도 시 양도세혜택은 해당 요건(임대등록과 임대의무기간 등)을 갖췄다면 별도로 신청하지 않아도 된다. 양도세 신고 시 관련 입증자료들을 첨부해 제출한다.

Q 종합부동산세 합산배제 신청 대상자는 누구인가.

A 6월 1일 현재 시군·구청에 임대사업자등록과 세무서에 사업자등록을 하고 임대를 하고 있는 주택은 9월 16일~30일에 종합부동산세 합산배제 신청을 해야 한다. 만약 6월 1일 현재 사실상 임대를 개시하고 있는데 시군·구청에 임대사업자등록과 세무서에 사업자등록을 못한 상태라면 합산배제 신고기간 종료일인 9월 30일까지 임대사업자로서 사업자등록을 하고 합산배제 신청을 하면 된다.

Q 종합부동산세 합산배제 신청기간에 신청을 하지 못했다면?

A 9월 16일~30일에 종합부동산세 합산배제 신청을 하지 못한 경우, 종합부동산세 납부기간인 12월 1일~15일에 추가로 합산배제 신청을 할 수 있다.

05

궁금한
임대의무기간

Q 민간임대주택특별법과 세법상 임대의무기간의 차이가 궁금하다.

A 민간임대주택특별법상 임대의무기간은 단기민간임대주택은 4년 이상, 장기일반민간임대주택(종전 준공공임대주택)은 8년 이상이다. 그러나 세법상 세금혜택을 받으려면 각 세금(취득세, 재산세, 양도세, 임대소득세, 종합부동산세 등)에서 요구하는 임대의무기간을 지켜야 한다. 취득세 감면, 재산세 감면, 임대소득세의 분리과세 시 필요경비율과 공제금액 적용, 소득세 감면혜택을 받으려면 단기임대는 4년, 장기임대는 8년 이상이지만 양도세혜택은 대부분 5년 이상 임대를 해야 받을 수 있다. 다만, 장기일반민간임대주택의 장기보유특별공제율 50%(또는 70%) 적용 등은 8년 또는 10년 이상의 임대기간을 충족해야 하므로 각 세금별 요건을 숙지해야 한다.

Q 임대의무기간을 위반하면 불이익이 있나?

A 주택임대사업자등록 후 임대주택을 임대사업자가 아닌 일반인에게 양도하거나 임대기간 동안 임대하지 않는 등 임대의무기간을 위반하면 민간임대주택특별법상 현행 과태료 1,000만 원(임대주택당)을 내야 한다. 과태료를 최대 5,000만 원으로 상향 조정하는 개정안이 입법 중에 있으므로 주의한다. 이와 별도로 세법상 임대의무기간을 위반하면 세제혜택을 받을 수 없다. 만약 이미 감면 등의 세금혜택을 받았다면 받았던 세금을 추징당함과 동시에 가산세 등의 불이익도 받는다.

Q 단기임대에서 장기임대로 전환 시 세법상 임대기간은?

A 민간임대주택에 관한 특별법에 따른 단기민간임대주택을 조세특례제한법 제97조의 3에 해당하는 장기일반민간임대주택 등으로 등록하는 경우, 장기일반민간임대주택 등의 임대기간 계산은 전환 시기에 따라 다르다.

① 2019년 2월 11일 이전 단기민간임대주택을 장기일반임대주택으로 전환하는 경우, 5년의 범위에서 단기민간임대주택으로 임대한 기간의 100분의 50에 해당하는 기간을 포함해 산정한다.

② 2019년 2월 12일 이후 '민간임대주택에 관한 특별법' 제5조 제3항에 따라 같은 법 제2조 제6호의 단기민간임대주택을 장기일반민간임대주택 등으로 변경 신고한 경우, 같은 법 시행령 제34조 제1항 제3호에 따른 시점부터 임대를 개시한 것으로 본다. 따라서 단기민간임대주택을 장기일반민간임대주택으로 전환하면 최대 4년

의 범위 내에서 단기민간임대주택의 임대기간을 인정받는다. 다만, 2019년 2월 12일 현재 단기민간임대주택을 8년 초과해 임대한 경우에는 5년의 범위에서 단기민간임대주택으로 임대한 기간의 100분의 50에 해당하는 기간을 포함해 산정한다.

[그림 11-1] 민간임대주택에 관한 특별법 시행령 제34조(민간임대주택의 임대의무기간 등)

① 법 제43조 제1항에서 '임대사업자 등록일 등 대통령령으로 정하는 시점'이란 다음 각 호의 구분에 따른 시점을 말한다. 〈개정 2017년 9월 19일, 2018년 7월 16일〉
③ 법 제5조 제3항 본문에 따라 단기민간임대주택을 장기일반민간임대주택으로 변경신고한 경우: 다음 각 목의 구분에 따른 시점
　㉮ 단기민간임대주택의 임대의무기간 종료 전에 변경신고한 경우: 해당 단기민간임대주택의 제1호 또는 제2호에 따른 시점
　㉯ 단기민간임대주택의 임대의무기간이 종료된 이후 변경신고한 경우: 변경신고의 수리일부터 해당 단기민간임대주택의 임대의무기간을 역산한 날

Q 재개발이나 재건축이 진행되면 임대기간은 어떻게 되는가.

A 조세특례제한법 제97조의 5에 따른 준공공임대주택을 임대하던 중 도시및주거환경정비법에 따른 주택재건축사업 또는 주택재개발사업의 사유가 발생한 경우, 주택재건축사업 또는 주택재개발사업 전과 후 준공공임대주택의 임대기간을 통산한다.

6부

알고 활용하면
추징당하지 않는
국세청 해석

기억해야 할
국세청 해석 54가지

(1) 2017년 8월 2일 이전 매매계약 체결 당시 무주택 세대 여부

2017년 8월 2일 이전에 매매계약을 체결하고 계약금을 지급한 사실이 증빙서류에 의해 확인되는 주택으로서 해당 주택의 거주자가 속한 1세대가 계약금 지급일 현재 조세특례제한법 제99조의 2 적용대상주택을 보유하고 있는 경우에는 소득세법시행령 부칙(대통령령 제28293호, 2017년 9월 19일) 제2조 제2항 제2호 규정이 적용되지 않는다. 즉, 무주택 세대로 보지 않는다.

(2) 장기임대주택이 조합원입주권으로 전환된 후 거주주택 양도 시 비과세 특례규정 적용 여부

장기임대주택이 도시및주거환경정비법 제48조에 따른 관리처분계획인가로 인해 취득한 입주자로 선정된 지위로 전환된 이후 거주주택을 양도하는 경우에도 1세대 1주택 비과세 특례규정을 적용한다.

(3) 거주용 주택이 조합원입주권으로 변경된 경우 비과세 특례규정 적용 여부

장기임대주택과 거주주택을 소유한 상태에서 거주용 주택이 관리처분계획인가 후 조합원입주권으로 변경돼 양도하는 경우에는 비과세 대상에 해당되지 않는다.

(4) 장기임대주택을 소유한 상태에서 일시적 2주택 특례 적용 여부

장기임대주택과 거주용 주택을 소유한 상태에서 추가로 주택을 취득한 경우, 추가 취득한 날로부터 유예기간 내에 거주용 주택을 매도하면 일시적 2주택 비과세 특례 적용이 가능하다.

(5) 장기일반민간임대주택 등에 대한 양도소득세 감면 적용 여부

2017년 12월 31일 이전 분양권을 취득하고 아파트가 완공된 후 3개월 이내에 준공공임대주택으로 등록할 경우에도 조세특례제한법 제97조의 5 제1항에 따른 감면 대상에 해당한다.

(6) 조세특례제한법 제99조의 2에 해당하는 주택 재건축 시 보유 중인 1주택을 양도하는 경우 1세대 1주택 비과세 해당 여부

조세특례제한법 제99조의 2 제1항을 적용받는 주택을 취득해 그 주택이 도시및주거환경정비법에 의한 관리처분계획에 따라 조합원입주권으로 전환된 경우에도 거주자의 주택으로 보지 아니하는 것

이므로 보유 중인 1주택을 양도하는 경우 1세대 1주택 비과세 적용
이 가능하다.

**(7) 2009년 3월 16일~2012년 12월 31일 중 취득한 조정대상지역 주택의
소득세법 제104조 제7항(중과세율) 적용 여부**

2009년 3월 16일~2012년 12월 31일 중 취득한 조정대상지역 주택
을 2018년 4월 1일 이후 양도하는 경우, 소득세법 제104조 제7항이
적용된다.

(8) 조정대상지역 내 주택 재건축 시 1세대 1주택 거주요건 적용 여부

2017년 8월 2일 이전 취득한 조정대상지역 내 주택을 재건축해
2017년 8월 3일 이후 준공한 경우, 소득세법시행령 제154조 제1항
의 거주요건을 적용하지 않는다.

(9) 일시적 2주택 요건에 대한 기간 계산 시 초일 산입 여부

소득세법시행령 제155조 제1항의 다른 주택을 취득한 날부터 3년
이내에 종전주택을 양도하는 경우를 판단할 때 기간 계산에는 다
른 주택을 취득한 날인 초일은 산입하지 않는다.

(10) 소득세법시행령 제155조 제1항의 1년 이상이 지난 후의 의미

소득세법시행령 제155조의 종전주택을 취득한 날부터 1년 이상이
지난 후 새로운 주택을 취득하라는 의미는 종전주택을 취득하고 최
소 1년이 지난 후에 새로운 주택을 취득하라는 의미이므로 2014년

12월 30일부터 1년 이상이 지난 후는 2015년 12월 31일을 가리킨다.

(11) 사업시행인가일 이후 1주택을 취득한 후 대체주택을 취득하고 대체주택을 양도하는 경우, 비과세 해당 여부

소득세법시행령 제156조의 2 제5항을 적용함에 있어 주택재개발사업 또는 주택재건축사업의 시행인가일 이후 관리처분계획인가일 이전 해당 지역의 주택을 취득하고, 그 사업시행기간 동안 거주하기 위해 대체주택을 취득한 경우로서 같은 항 각 호의 요건을 모두 갖춰 대체주택을 양도하는 때는 1세대 1주택으로 봐 소득세법시행령 제154조 제1항을 적용한다.

(12) 조세특례제한법 제97조의 3 제1항 제2호 임대료증액 제한 기준

조세특례제한법 제97조의 3 제1항 제2호에 따른 임대료증액 제한 기준이 되는 최초의 계약은 준공공임대주택으로 등록한 후 작성한 표준임대차계약이 된다.

(13) 주택임대신고서를 제출하지 않은 경우, 장기일반민간임대주택 등에 대한 양도소득세의 과세특례 적용 여부

조세특례제한법 제97조의 3의 규정은 주택의 임대를 개시한 날부터 3개월 이내에 주택임대신고서를 임대주택의 소재지 관할세무서장에게 제출하지 아니한 경우에도 적용받을 수 있다.

(14) 증여받은 주택을 준공공임대주택으로 등록한 경우, 조세특례제한법 제 97조의 5 적용 여부

거주자가 배우자로부터 2017년 12월 31일까지 '민간임대주택에 관한 특별법' 제2조 제3호의 민간매입임대주택을 증여로 취득하고, 취득일(수증일)부터 3개월 이내에 조세특례제한법에 따라 준공공임대주택 등으로 등록한 경우에는 조세특례제한법 제97조의 5 제1항 제1호의 요건을 갖춘 것으로 본다.

(15) 준공공임대주택의 임대기간 중 재개발·재건축되는 경우, 임대보증금 및 임대료증액 제한요건 등

① 거주자가 조세특례제한법 제97조의 5에 따른 준공공임대주택을 임대하던 중 도시및주거환경정비법에 따른 주택재건축사업 또는 주택재개발사업으로 신축된 주택을 취득하고 준공공임대주택으로 등록해 임대를 개시하는 경우에는 신축주택의 임차인과의 계약을 최초의 임대차계약으로 봐 임대보증금 및 임대료를 산정한다.

② 도시및주거환경정비법에 따른 주택재건축사업 또는 주택재개발사업으로 국민주택규모를 초과하는 1개의 신축주택을 취득하고 양도하는 경우에는 조세특례제한법 제97조의 5에 따른 감면 대상에 해당하지 않는 것이며, 분담금을 추가로 납부하지 않고 도시및주거환경정비법 제48조 제1항 제7호 ㉯목에 따라 국민주택규모 이하의 2개의 신축주택을 취득해 조세특례제한법 제97조의 5에 따른 준공공임대주택으로 계속 임대한 경우 종전주택과 임대기간을 통산해 10년 이상 임대하는 등 감면 요건을 충족한 경우에는 같은 법

같은 조에 따른 감면 대상에 해당한다.

(16) 1세대가 1주택과 1조합원입주권 보유 중 거주주택 양도 시 비과세 특례 적용 여부

2주택 보유 중 1주택의 관리처분계획인가 후 임대사업등록 및 사업자등록을 하고 거주주택 양도 시 거주주택과 1조합원입주권 상태인 경우에는 거주주택에 비과세가 적용되지 않고, 1조합원입주권이 신축돼 임대를 개시해 장기임대주택에 해당하는 경우에는 거주주택에 비과세가 적용된다.

(17) 관리처분계획인가에 따라 상가를 제공하고 아파트를 분양받아 양도하는 경우, 1세대 1주택 장기보유특별공제

관리처분계획인가에 따라 상가를 제공하고 아파트를 분양받아 양도하는 경우, 1세대 1주택 장기보유특별공제율을 적용하기 위한 보유기간은 관리처분계획인가일부터 신축주택 양도일까지로 한다.

(18) 장기임대주택을 소유하고 근무상 형편으로 2년 거주요건을 채우지 못한 일반주택 양도

장기임대주택을 소유한 1세대가 근무상 형편으로 2년 이상 거주요건을 갖추지 못한 일반주택을 양도할 때는 비과세 특례를 적용할 수 없다.

(19) 주택 취득일로부터 3개월이 경과해 준공공임대주택으로 등록하는 경우

주택 취득일로부터 3개월이 경과해 준공공임대주택으로 등록한 경우, 조세특례제한법 97조의 5에서 규정한 감면 대상으로 볼 수 없다.

(20) 3주택을 소유한 1세대가 1개의 주택을 먼저 양도한 후 일시적 1세대 2주택 적용

3주택을 소유하던 1세대가 1주택을 먼저 양도한 후에는 나머지 2개의 주택으로 소득세법시행령 제155조 제1항을 적용한다.

(21) 조세특례제한법 제99조의 2 제1항에 해당하는 감면 대상주택의 과세 특례

조세특례제한법 제99조의 2에 해당하는 감면 대상주택을 소유한 상태에서 일반주택을 양도할 때 비과세를 적용받은 후, 감면 대상 주택을 1세대 1주택 비과세 적용하기 위한 보유기간의 기산일은 비과세되는 일반주택 양도일의 다음 날이 된다.

(22) 농어촌주택, 장기임대주택, 거주주택을 소유하는 1세대가 양도하는 거주주택의 비과세 여부

농어촌주택은 해당 1세대의 소유주택에서 제외되므로 소득령 § 155⑲에 따라 거주주택을 양도하는 경우, 비과세 적용이 가능하다.

(23) 장기임대주택을 소유한 경우 거주주택 비과세 특례

거주주택 특례규정을 적용할 때 거주주택이 멸실 등으로 재건축되는 경우 거주기간은 멸실 전과 신축한 주택의 거주기간을 통산하는 것이며, 의무임대기간을 충족하기 전에 거주주택을 양도하는 경우에도 특례를 적용하는 것이나, 비과세 특례를 적용받은 후 의무임대기간 요건을 충족하지 못하게 된 때는 비과세 받은 양도소득세를 신고·납부한다.

(24) 조합원입주권 취득일부터 3년이 지나 종전의 주택 양도하는 경우 비과세

나대지가 도시및주거환경정비법 제48조에 따른 관리처분계획의 인가로 조합원입주권으로 변경된 경우, 해당 관리처분계획의 인가일을 조합원입주권의 취득일로 보며, 조합원입주권 취득일부터 3년이 지나 종전의 주택을 양도할 때는 소득세법시행령 제156조의 2 제4항 각 호의 요건을 모두 갖춘 경우에 비과세한다.

(25) 상속주택을 거주주택으로 해 장기임대주택 과세특례 적용 시 거주기간 계산

상속주택을 거주주택으로 해 장기임대주택 과세특례 적용 시 양도주택에 대한 거주기간의 계산은 해당 양도주택에서 피상속인과 함께했던 거주기간과 상속인의 거주기간을 통산한다.

(26) 주택의 부수토지만 소유한 경우 주택을 소유한 것으로 보는가

주택과 그 부수토지를 동일세대가 아닌 자가 각각 소유하는 경우, 그 부수토지의 소유자는 주택을 소유하지 않은 것으로 본다.

(27) 증여받은 날로부터 5년 이내 양도하는 경우 1세대 1주택 비과세 해당 여부

별도세대인 거주자가 직계존속으로부터 1주택을 증여받은 날부터 5년 이내 양도한 주택이 1세대 1주택 비과세 요건을 충족한 경우, 소득세법 제101조(양도소득의 부당행위계산)가 적용된다.

(28) 1/2 지분을 양도하는 경우 1세대 1주택 비과세 적용 가능 여부

1세대 1주택 비과세 요건을 갖춘 1주택을 2주택으로 분할해 양도한 경우 먼저 양도하는 부분의 주택은 그 1세대 1주택으로 보지 아니하지만, 소득세법시행령 제154조 제1항 본문의 1세대 1주택에 해당하는 주택을 지분으로 양도하는 경우에는 이를 1세대 1주택 양도로 봐 양도소득세를 비과세한다.

(29) 주민등록상 주소지가 같은 두 세대를 별도세대로 봐 1세대 1주택 비과세 적용이 가능한지 여부

동일세대원 여부의 판정은 형식상의 주민등록내용에 불구하고 실질적인 생계를 같이하는 자를 말하는 것으로 실질적으로 생계를 같이하는지 여부는 세대별 생활 관계 등을 종합해 판단한다.

(30) 조세특례제한법 제99조의 2에 해당하는 감면 대상주택이 재개발되는 경우

조세특례제한법 제99조의 2에 해당하는 감면 대상 기존주택이 주택재배발정비사업에 따라 조합원입주권으로 전환돼 양도하거나, 재개발 완공 후 양도하는 경우에도 과세특례는 적용하나, 당초 취득

한 감면 대상 기존주택에 대한 양도소득의 범위 내에서 감면하는
것이고, 비과세 규정을 적용할 때 거주자의 소유주택으로 보지 아
니한다.

(31) 감면 대상 기존주택 취득 후 재건축되는 경우 양도소득세 과세특례 적용 여부

조세특례제한법 제99조의 2에 따른 감면 대상 기존주택을 취득 후
도정법에 따른 재개발·재건축 등으로 신축주택으로 전환되는 경우
에는 감면 대상 기존주택의 양도소득 범위 내에서 과세특례가 적
용되며, 감면 대상 기존주택의 평가액 범위 내에서 2채의 신축주택
을 공급받는 경우에는 2주택 모두 과세특례가 적용된다.

(32) 2개의 조합원입주권을 보유하다가 1개의 조합원입주권 양도 시 비과세 해당 여부

1세대가 1조합원입주권을 보유하던 중 별도세대인 직계존속으로부
터 1조합원입주권을 상속받아 2조합원입주권을 보유 중 1조합원입
주권 양도 시 비과세 대상에 해당하지 않는다.

(33) 조세특례제한법 제97조에 해당하는 장기임대주택을 멸실하고 신축해 임대하는 경우 임대기간 등

조세특례제한법 제97조에 해당하는 장기임대주택을 멸실해 멸실
전 임대호수보다 증가된 호수의 도시형 생활주택을 신축해 임대하
는 경우에도 임대주택의 임대기간은 멸실 전과 신축된 도시형 생활

주택의 임대기간을 합산한다.

(34) 주택재건축사업의 조합원이 수령한 청산금에 대한 장기보유특별공제 계산방법 및 수정신고 여부

① 도시및주거환경정비법에 의한 주택재건축사업에 참여해 당해 조합에 기존건물(그 부수토지를 포함, 이하 같음)을 제공하고 기존건물의 평가액과 신축건물의 분양가액에 차이가 있어 청산금을 수령한 경우 해당 청산금에 상당하는 기존건물의 양도 시기는 소득세법 제98조에 따라 같은 법 시행령 제162조 제1항 각 호의 어느 하나에 해당하는 경우를 제외하고는 대금을 청산한 날이 되는 것이고, 이때 소득세법 제95조 제1항에 따른 장기보유특별공제 적용 시 보유기간은 소득세법 제95조 제4항에 따라 당해 자산의 취득 시기부터 양도일까지 한다.

② 양도일 이후에 청산금액이 증액된 경우 그 증액된 청산금은 '국세기본법' 제45조에 따라 수정 신고해야 한다.

(35) 1세대 1주택 판정 시 주택을 멸실하고 상가를 신축 후 주택으로 사용하는 경우 보유기간 계산 방법

소득세법시행령 제154조 제1항의 1세대 1주택 비과세 규정을 적용함에 있어 1주택을 보유하는 1세대가 노후 등으로 인해 해당 주택을 멸실하고 주택 외의 건물을 신축했으나 임대가 되지 않아 주택 외의 건물 일부를 주택으로 용도변경해 양도할 때까지 사실상 주택으로 사용한 경우에는 소득세법시행령 제154조 제8항 제1호에 따라 멸실된 주택과 재건축한 건물 중 제154조 제3항에 따라 주택에 해당하는 부분의 보유기간은 통산한다.

(36) 4개의 주택이 재개발에 포함돼 1개의 주택을 배정받아 이를 양도하는 경우 비과세 해당 여부

4개 주택이 재개발사업에 포함돼 1주택만 공급받은 후 해당 재개발 사업의 완료로 취득한 주택을 양도하는 경우 준공일 이후부터 비과세 요건을 갖춘 이후 양도하는 때는 1세대 1주택의 양도에 해당하나 그러하지 아니한 때는 종전 4주택 중 당해 거주자가 선택한 주택 외의 주택 및 부수토지는 양도소득세가 과세된다.

(37) 장기임대주택과 조세특례제한법 제99조의 2에 해당하는 감면 대상주택을 보유한 경우 비과세

장기임대주택과 조세특례제한법 제99조의 2 제1항에 해당하는 감면 대상주택을 소유한 1세대가 소득세법시행령 제155조 제19항 및 제19항 각 호의 요건을 충족한 거주주택을 양도할 때는 국내에 1개의 주택을 소유한 것으로 봐 소득세법시행령 제154조 제1항을 적용한다.

(38) 1세대가 조세특례제한법 제99조의 2에 해당하는 1개의 감면 대상주택을 양도할 때 비과세 등

1세대가 양도하는 조세특례제한법 제99조의 2 제1항에 해당하는 1개의 감면 대상주택이 고가주택에 해당하는 경우, 소득세법 제

95조 제3항 및 소득세법시행령 제160조를 적용한 후 조세특례제한법 제99조의 2 제1항의 규정을 적용한다.

(39) 관리처분계획인가에 따라 취득한 조합원입주권 2개를 같은 날 1인에게 모두 양도하는 경우 1세대 1주택 적용 여부

관리처분계획인가에 따라 취득한 조합원입주권 2개를 같은 날 1인에게 모두 양도하는 경우 당해 거주자가 선택해 먼저 양도하는 조합원입주권 1개는 양도소득세가 과세되며, 나중에 양도하는 조합원입주권 1개는 1세대 1주택 비과세 특례가 적용된다.

(40) 혼인으로 일시적 3주택이 된 후 2주택을 순차 양도 시 특례 적용 여부

혼인 합가에 따른 1세대 1주택 특례를 적용할 때 1주택 보유자가 2주택 보유자와 혼인함으로써 1세대가 일시적으로 3주택을 보유하게 되는 경우 2주택을 순차 양도 시 먼저 양도하는 주택은 양도소득세가 과세되고, 혼인한 날부터 5년 이내 나중에 양도하는 주택은 동 규정이 적용된다.

(41) 감면 대상 기존주택을 경매로 취득 후 확인날인을 받지 않으면 감면되지 아니함

감면 대상 기존주택을 경매로 취득하고 감면 대상 기존주택임을 확인하는 날인을 받지 않은 경우에는 조세특례제한법 제99조의 2 제1항에 해당하는 양도소득세의 감면을 적용하지 않는다.

(42) 준공공임대주택이 장기임대주택에 포함되는지 여부

소득세법시행령 제167조의 3 제1항 제2호 ㉮목에 따른 주택과 그 밖의 1주택을 국내에 소유하고 있는 1세대가 소득세법시행령 제155조 제19항 각 호의 요건을 충족하고 해당 1주택(거주주택)을 양도하는 경우 국내에 1개의 주택을 소유하는 것으로 봐 소득세법시행령 제154조 제1항을 적용한다. 이 경우 '임대주택법' 제2조 제3호에 따른 매입임대주택에는 같은 법 시행령 제8조의 2에 따라 준공공임대주택으로 등록된 매입임대주택을 포함하며, 같은 법 제6조에 따른 임대사업자등록에 같은 법 제6조의 2에 따른 준공공임대주택의 등록을 한 경우도 포함한다.

(43) 분양권을 취득하고 준공공임대주택 등으로 등록한 경우, 조세특례제한법 제97조의 5 적용 여부

2017년 12월 31일 이전 분양권을 승계 취득하고, 아파트가 완공된 후 3개월 이내에 '민간임대주택에 관한 특별법'에 따라 준공공임대주택 등으로 등록할 경우 조세특례제한법 제97조의 5 제1항에 따른 양도소득세 감면 대상에 해당한다.

(44) 장기임대주택과 조합원입주권 소유 시 거주주택 비과세 특례 적용 여부

장기임대주택과 거주주택을 소유한 1세대가 해당 거주주택을 양도하기 전에 조합원입주권을 취득한 경우로서 그 조합원입주권을 취득한 날부터 3년 이내에 거주주택을 양도하는 경우에는 이를 1세대 1주택으로 본다.

(45) 주택을 동일세대에게 증여한 후 5년 내 양도한 경우 1세대 1주택 비과세 여부

1세대 1주택을 적용함에 있어 1주택을 소유한 거주자가 그 주택을 동일세대원인 가족에게 증여한 후 그 수증자가 이를 양도하는 경우에는 증여자의 보유기간을 통산해 비과세 여부를 판정한다.

(46) 공동상속주택(소수지분) 외 다른 주택 양도 시 1세대 1주택 비과세 적용 여부

상속개시 당시 동일 세대원이던 피상속인으로부터 상속받은 공동상속주택을 보유한 1세대가 일반주택을 취득해 일반주택을 양도하는 경우, 당해 공동상속주택은 상속주택으로 보지 아니한다.

(47) 공동상속주택 최대지분자의 비과세 특례

공동상속주택의 최대지분자가 다른 주택을 양도할 때는 소득세법 시행령 제155조 제2항의 규정에 따라 1세대 1주택 비과세 여부를 판정한다.

(48) 상속주택을 포함한 3주택자의 일시적인 2주택으로 인한 1세대 1주택 특례 여부

상속받은 주택과 그 밖의 주택을 소유하고 있는 1세대가 일반주택을 취득한 날부터 1년 이상이 지난 후 다른 주택을 취득하고 그 취득한 날부터 3년 이내에 일반주택을 양도할 때는 이를 1세대 1주택으로 본다.

(49) 배우자가 상속받은 주택을 증여받은 경우 상속받은 주택 특례

배우자가 상속받은 주택을 상대 배우자가 증여받은 경우, 소득세법
시행령 제155조 제2항을 적용받을 수 없다.

(50) 소득령§155⑳의 거주주택의 거주요건 적용 시 재혼한 배우자의 거주요건 충족 여부

1세대가 소득세법시행령 제155조 제20항에 따른 장기임대주택과
일반주택을 보유한 경우로서 일반주택을 양도하는 경우 재혼에 의
해 세대원이 변경되었더라도 거주자가 2년 이상 일반주택에서 거주
한 경우에는 1세대 1주택 비과세특례를 적용할 수 있다.

(51) 1세대 1주택 비과세 적용 시 임대사업자 등록을 한 경우 거주기간

1세대가 양도일 현재 국내에 1주택을 보유하고 있는 경우로서 소득
세법시행령 제154조 제1항 제4호에 따라 거주자가 해당 주택을 임
대하기 위해 소득세법 제168조 제1항에 따른 등록과 '민간임대주
택에 관한 특별법' 제5조에 따른 임대사업자등록을 한 경우(다만,
민간임대주택에 관한 특별법 제43조를 위반해 임대의무기간 중 해당 주택
을 양도하는 경우는 제외)에는 거주기간의 제한을 받지 아니한다.

(52) 혼인 당시 재건축을 위해 멸실한 주택이 혼인 후 완공된 경우, 혼인합가 비과세 특례 적용 여부

국내에 1주택을 보유하는 자가 해당 주택이 노후돼 재건축하기 위
해 멸실한 상태에서 국내에 1주택을 보유하는 자와 혼인한 후 해당

재건축 주택이 완공된 경우로서 완공된 재건축 주택을 혼인한 날부터 5년 이내 양도할 때는 이를 1세대 1주택으로 봐 소득세법시행령 제154조 제1항을 적용한다.

(53) 공유지분으로 소유한 주택을 임대하는 경우, 1세대 1주택 주택 수 장기임대주택 특례 적용 여부

장기임대주택과 거주주택을 각 1채씩 소유한 1세대가 당해 거주주택을 양도하는 경우에는 국내에 1개 주택을 소유하고 있는 것으로 봐 소득세법시행령 제154조 제1항을 적용하나, 별도세대인 갑과 병이 1/2씩 공동 소유하는 주택을 1채 임대하는 경우 당해 임대주택은 같은 령 제167조의 3 제1항 제2호 ㉮목에 해당하지 아니한다.

(54) 장기임대주택과 조합원입주권 외에 대체주택을 양도하는 경우 특례 적용 여부

소득세법시행령 제167조의 3 제1항 제2호 각 목에 따른 주택(장기임대주택)과 그 밖의 1주택을 국내에 소유하고 있는 1세대가 같은 영 제155조 제19항 각 호의 요건을 모두 충족하는 해당 1주택(거주주택)을 양도하는 경우에는 국내에 1개의 주택을 소유하고 있는 것으로 봐 같은 영 제154조 제1항에 따른 1세대 1주택 비과세를 적용한다. 한편 장기임대주택과 조합원입주권을 소유한 1세대가 대체주택(소득세법시행령 제156조의 2 제5항 대체주택)을 양도하는 귀 질의의 경우에는 같은 영 제155조 제19항 및 같은 영 제156조의 2 제5항의 요건을 모두 충족하는 경우에 한해 1세대 1주택 특례를 적용받을 수 있다.

나만의 절세 전략 세우는 법

절세 전략을 혼자서 완벽하게 세우기는 쉽지 않습니다. 수시로 개정되는 세법, 고려해야 할 많은 조건들… 이렇게 복잡한 세금 계산을 돕는 홈페이지를 소개 합니다. 내 상황에 맞춰 절세 전략을 짤 수 있는 온라인 절세계산기가 있습니다. 세무사 김종필 사무소 홈페이지에 등록되어 있습니다. 주택임대 세테크, 부동산 세테크를 모두 아우르고 있습니다. 이 책 저자들의 1:1 비공개 세무 상담도 진행 됩니다.

세무사 김종필 사무소 홈페이지   www.taxnumber1.co.kr

부동산 세금을
절반으로
줄였습니다

초판 1쇄 2019년 4월 25일
　　2쇄 2019년 6월　5일

지은이 김종필 홍만영
펴낸이 전호림
책임편집 오수영
디자인 제이알컴
마케팅 박종욱 김선미 김혜원

펴낸곳 매경출판㈜
등　록 2003년 4월 24일(No. 2-3759)
주　소 (04557) 서울시 중구 충무로 2 (필동1가) 매일경제 별관 2층 매경출판㈜
홈페이지 www.mkbook.co.kr
전　화 02)2000-2632(기획편집) 02)2000-2636(마케팅) 02)2000-2606(구입 문의)
팩　스 02)2000-2609 **이메일** publish@mk.co.kr
인쇄·제본 ㈜ M-print　031)8071-0961
ISBN 979-11-5542-555-8 (03320)

이 도서의 국립중앙도서관 출판예정도서목록(CIP)은 서지정보유통지원시스템 홈페이지(http://seoji.
nl.go.kr)와 국가자료공동목록시스템(http://www.nl.go.kr/kolisnet)에서 이용하실 수 있습니다.
(CIP제어번호: 2019012275)